成败已远　传奇永存

Dr. An Wang

王安传
电脑大王
DR. AN WANG

李梅 ◎ 著

江西人民出版社

图书在版编目（CIP）数据

电脑大王王安传 / 李梅著 . -- 南昌：江西人民出版社，2017.6
ISBN 978-7-210-09502-6

Ⅰ.①电… Ⅱ.①李… Ⅲ.①王安－传记 Ⅳ.① K837.125.38

中国版本图书馆 CIP 数据核字（2017）第 115993 号

电脑大王王安传

李梅 著

责任编辑：张志刚
装帧设计：游　珑
组稿编辑：陈　骥　童晓英

江西人民出版社出版发行
地　　址：江西省南昌市三经路 47 号附 1 号（邮编：330006）
编辑部电话：0791-86898873
发行部电话：0791-86898815
网　　址：www.jxpph.com
E-mail：zzg88@163.com　web@jxpph.com
2017 年 6 月第 1 版　2017 年 6 月第 1 次印刷
开　本：787 毫米 ×1092 毫米　1/16
印　张：17
字　数：215 千
ISBN 978-7-210-09502-6
赣版权登字 -01-2017-367
定　价：42.00 元
承印厂：南昌市红星印刷有限公司

版权所有　侵权必究
赣人版图书凡属印刷、装订错误，请随时向承印厂调换

DR. AN WANG

序言

黄效文

王安博士是一位成功的华裔高科技先驱,上世纪五十年代到八十年代闻名于世的成功企业家。在他事业高峰期,不单是中国人的榜样,更是全球科技界的楷模。他创业时所面临的双重困境——华裔移民身份、赤手空拳对抗业界最强大的对手,那份困难是今天许多的草根创业公司无法想象的。

王博士的生平故事,前半生辉煌的上升,最后几年的极速下滑,都已被岁月淡忘。特别是今天,在一切都讲求快速的社会大环境之下,甚至连昨天发生的事,对今天的年轻人来说都已经是遥远的历史,更不用说是发生在上个世纪的故事了。

感谢作者的精彩描述与流畅文笔,把我们带回到那个技术革新影响至今的历史时代。作为一个著名的商业案例,王博士以及与这个故事关联的人与事,其

影响不但延续到今天,还会对未来提供警示与教训。作者对王安早期生活的探索,包括他在中国的成长教育,在哈佛的成功,工作成就斐然,及至自创实验室,在风口浪尖中与强敌的竞争,一直到最后的退位,都有着栩栩如生、颇含哲思的描述。

中国传统哲学的阴与阳,文化传统的深远渗透与科技革新的日常影响,在今天的世界仍然共存共生。无论是在公司的董事会,还是在家里的客厅,争论与验证一直在持续。本书作者用公平冷静的视觉,把读者带入到主人公们的世界,深入到内心的探索与挣扎——无论在家里客厅,还是在公司董事会的现场,故事精彩生动,好像就发生在身旁。

我要恭喜作者,她写了一部好书。她的个人体验,曾在最后的王氏国际和王氏剧院工作的经历,激发了她的写作热情,把这个快被岁月淡忘的华人和他的精彩故事,重现世人眼前。

■ 黄效文先生　是全球性的慈善机构"中国探险学会"的创始人兼会长。从20世纪80年代开始,从事文化与探险工作40余年,曾被美国《时代》杂志评为五位亚洲英雄之一,在国际上获奖无数,被誉为"中国成就最高的在世探险家"。出版著作几十本,2013年荣获星云真善美新闻传播奖"华人世界终身成就奖"

DR. AN WANG

目　录

001/ **楔　　子**　　古城大厦的主人

少年漂萍

踏上新大陆的那一刻，连王安自己都没有想到，从此要在这个异国他乡，独自漂萍。

008/ 第 一 章　　少年江南岸
019/ 第 二 章　　漂萍乱世间
028/ 第 三 章　　从中国到美国
032/ 第 四 章　　无心插柳进哈佛

惊世初创

一个典型的"Thinking out of Box"（盒子外思维）。正是这个"破坏后重建"的大胆的无所畏惧的想法，奠定了王安作为电脑先驱的位置；也在星光闪烁，天才辈出的现代电脑发展史上，牢牢地刻下了一个中国人的名字。

045/ 第 五 章　　石破天惊的发明
049/ 第 六 章　　一人一桌始创业

1

060/ 第 七 章　　天生我材必有用
066/ 第 八 章　　一个王朝的艰难起步
071/ 第 九 章　　以卵击石第一役
076/ 第 十 章　　十载光阴铸实力
080/ 第十一章　　神机妙算计算器
085/ 第十二章　　无奈"归化"叹重洋
089/ 第十三章　　买地扩张展豪情
096/ 第十四章　　儒商重才自带威

纵横江湖

技术革新的浪潮一浪接一浪，王氏再次危机四伏！可是任谁也没有想到，王氏并没有被打倒，这匹黑马将会一次又一次以更加优秀的划时代新产品，惊艳业界，绝尘而出，一飞冲天！

101/ 第十五章　　风光上市
106/ 第十六章　　华丽转身千机变
108/ 第十七章　　爱恨情仇IBM
113/ 第十八章　　暗箭难防第二役
118/ 第十九章　　纵横江湖双怪杰
122/ 第 二十 章　　横空出世办公王
127/ 第二十一章　古城又春风
133/ 第二十二章　猛将如云日中天

龙争虎斗

在自命不凡又能力出群的美国儿子，和血统正宗却能力普通的中国儿子之间，上演了一出惨烈的、两败俱伤的夺权大戏，这也成为王氏由盛转衰的一个关键转折点。

138/ 第二十三章　鸿沟难越两代间

143/ 第二十四章　不姓王的美国儿子

153/ 第二十五章　传宗接代风波起

159/ 第二十六章　半步之遥

166/ 第二十七章　中美儿子龙虎斗

170/ 第二十八章　为父的选择

176/ 第二十九章　各怀心事王家人

四面楚歌

新品屡屡延期，王安身体拉响警报，新总裁一筹莫展，银行逼宫……王氏已行至无可挽回的崩溃边缘。

182/ 第 三十 章　风云突变

186/ 第三十一章　忽略财务的新总裁

190/ 第三十二章　银行逼宫二代空

194/ 第三十三章　最寒冷的夏天

198/ 第三十四章　城头变幻大王旗

日落长河

邓小平握着他的手赞赏地说:"你在美国很出名,现在是家大业大。这可是你自己奋斗出来的啊!"王氏企业的神奇崛起和极速崩溃,是美国现代商业史上最戏剧化的案例之一。

202/ 第三十五章　千亿资产归尘土
205/ 第三十六章　身后荣衰谁人知
209/ 第三十七章　一座大厦的前世今生
213/ 另　章　一　乡音无改游子归
217/ 另　章　二　惠泽后人慈善王
225/ 终　　　章　日落长河枭雄远

232/ 王安/王安公司大事年表
234/ 部分参考书目

236/ 附录1　与前麻州州长,美国总统候选人杜卡基斯的对话
240/ 附录2　与王氏大剧院总裁斯柏汀的谈话
244/ 附　　　网友关于王氏的回忆

248/ 后记　隔代的敬意
256/ 鸣谢

DR. AN WANG

Contents

001/ Prologue: The Master Who Owns the Tower
008/ 1. A Genius Kid from Shanghai
019/ 2. The Years in Turmoil
028/ 3. From China to U.S.A
032/ 4. An Accidental Harvard Student
045/ 5. A Landmark Invention
049/ 6. A One-man Office
060/ 7. "All I Have to Prove is Myself"
066/ 8. A Humble Start of a Dynasty
071/ 9. The First Encounter of the Big Giant
076/ 10. A Decade of Strengthening
080/ 11. The Amazing Wang Calculators
085/ 12. The Reluctant Naturalization
089/ 13. A Proud Owner of 74 Acre Land
096/ 14. A Boss with Confucian Roots
101/ 15. Red-hot IPO
106/ 16. A Brilliantly Surprising Turn
108/ 17. Some Emotions Run Deep
113/ 18. The Second Encounter of the Blue Giant
118/ 19. An Odd Couple
122/ 20. Wang: the "King" of Office Machines

127/ 21. The Rebirth of the Old Mill City
133/ 22. The Hay Days of Wang Labs
138/ 23. The Generation Gaps
143/ 24. The American Son
153/ 25. Who Will Be the Successor
159/ 26. Half Step Away from PC
166/ 27. Wang Jr. Vs. the American Son
170/ 28. A Father's Choice
176/ 29. Inside the Wang Family
182/ 30. The sudden Reverse of Fate
186/ 31. The New CEO
190/ 32. The Ultimate Face of the Banks
194/ 33. The Coldest Summer Day
198/ 34. Losing Control of the Company
202/ 35. The Final Ride
205/ 36. Emerge from Bankruptcy
209/ 37. Rename of the Tower
213/ 38. Sweet Home Coming: 30 Years Later
217/ 39. The Charity King
225/ Epilogue: The Master has Gone

232/ Dr. An Wang/Wang Labs Chronicle
234/ Book Reference

236/ Appendix 1   (INTERVIEW With former Massachusetts governor, US presidential candidate Michael Dukakis)
240/ Appendix 2   (INTERVIEW with Joe Spaulding, CEO of Wang Theatre)
244/ Appendix 3   (Comments from people who knew Wang or Wang Labs)

248/ Postscript: A Tribute to Dr. Wang

256/ Acknowledgments

楔 子
古城大厦的主人
DR. AN WANG

    1986年的春天姗姗来到罗威尔（Lowell）这座北国边城。这是一个天色晴好的下午，王氏企业的创始人王安博士坐在他一手创办的公司大厦顶层，他专用的巨型办公室窗前，俯视着王氏品牌光芒下的二十三万平方米办公园区，沉默不语，思绪万千。

    几分钟前，他接到一个来自白宫的电话，邀请他参加夏天在纽约市举办的庆祝美国自由女神像落成一百周年暨美国《独立宣言》发表二百一十周

▎王安公司总部大厦，美国麻州，罗威尔，二十世纪八十年代

年的纪念盛典。在电话里,组委会还特别祝贺他获得了今年的"自由勋章奖"——代表美国平民最高成就的奖章!获奖者都是经过专责理事会反复甄选出来的第一代移民精英,包括出生在德国的外交家基辛格,出生在中国的建筑大师贝聿铭,创业家王安,还有来自其他种族的共十二位各行各业精英。

王安从读书时开始,获奖无数,到现在声誉日隆,都已经有些麻木了。两年前,美国电子协会授予王安"电子及信息技术最高荣誉成就奖"。可是今天这个奖,来得太隆重,也太及时啦!这次的肯定,更多是赞赏他对社会的贡献。放眼当今世界,当老板、成富翁的成功者何止千千万万,财富有来有往,富豪排名有高有低,唯他一名华裔企业家在此特别的、庆贺美利坚合众国的双百之日,获此殊荣,真是与有荣焉!

当年,谁又能预想得到呢?小小个子,赤手空拳赴美学习,又曾经备受歧视的他,能够在人生暮年收获各种辉煌:在创新领域,他因为名下的几十项发明,荣登美国发明家协会的殿堂级人物;在财富领域,他最高曾名列全美富豪榜第五名;社会地位,更是从被忽略被冷落的留学生,登顶成为各方重视的社会名流,还将会在一国总统面前,接受生命里极荣耀的肯定与尊重。

窗外,一轮斜阳正缓缓入江,水光天色一片柔和,景色美得让人移不开目光。

大厦的翼楼建好之后,他还没有上去天台看过吧?平整宽阔的大厦之顶,可以停放好几架救急直升机。在这个特别感怀的日子,他突然就来了兴致,真想好好去看看自己的王国!于是跟保安打了声招呼,没有叫别人来陪同,一个人,慢慢拾级上到大厦的楼顶天台。保安只得站在门边,远远地守望着,确保大老板的安全。

楔 子
古城大厦的主人

▌王安像

四月春迟,楼顶风急。他缓步踱到大厦的边缘,伫立望远。这里,是整座城市的最高点,罗威尔古城在他的脚下延展,数里方圆在他眼前呈现。他的目光,扫过王氏停车场成千上万的车位,高速公路上双向的车流,古城里参差各异的屋顶,北部新州的朦胧山影。

抬起头,看着向晚天空里的云卷云舒,他此刻的思绪,四面八方,野马奔腾。这座广厦,如同他不凡的人生:从无到有,从低到高;从被忽视,到受重视;从卑微,到辉煌。

今年是王安实验室创立的第 35 个年头,公司的最初产品是一只小小的存储磁芯,现在,则是全球热销的王安电脑;从他一个人的单干户,到员工遍及五大洲;从昏暗的地下单间,到脚下这座闻名于世的挺拔城市地标。曾有多少要人名流来过这里访问参观,包括远道而来的英国王子查尔斯。每一个访客,都对这座宏大的建筑物赞不绝口。优雅气势,简洁实用,带着需仰视的尊严,多多少少有点像他自己吧。

■ 玛丽麦河的波塔奇河段。这片河网的激流落差，推动了美国19世纪工业革命最初的转轮

罗马不是一天建成的，王氏大厦也不是在一夜间崛起的。它的一砖一瓦，构建于积年累月的耐心与雄心，正是王氏王朝鼎盛辉煌的象征。

几十年的光阴如流水，某些时刻却永记在心——从中国到美国，飞越驼峰航线那天的惊险，第一次在美国找工作时的迷茫与压抑，第一天创业时破釜沉舟的勇气——这一切的往事，都像刀刻一样清晰地印在他的回忆。当年，正是那股不愿低人一等的志气，让他放弃哈佛金饭碗，下海创业。而现在，他已成为一个时代传奇，一个神秘的东方智者，一个梦想王国的缔造者。英文媒体尊称他为"Dr. Wang"，华文媒体干脆就称他为"电脑大王"。

王安公司总部大厦所在的城市罗威尔，是麻州（马塞诸塞州）北部的一座重要城市。十九世纪中叶，早期的北美工业家们到处勘地考察，寻找水力能源。因缘巧合，他们相中了毗邻新罕布什尔州河网密布、水力资源丰富、农庄处处的这片土地，一再游说政府，当权者于是红笔一圈，河边的大块土地遂成为美国开天辟地第一座经过正式规划的工业城：工厂、仓库、宿舍、饭堂、发电站、引水渠……各就各位。实业家们从英国引进水力纺纱的新技术，玛丽麦河边厂房林立，灯火通明。年轻的农家女进城，成为巧手的纺纱女工。河水推动水轮，日夜转动，机织布匹花样繁多，风行全球，大获成功。

这是美国赢得国家独立之后，又一次用自身实力战胜英国。美制的纺织产品在价格和数量上全面打败英国，傲视全球。其他行业因此大受鼓舞，工业进步的曙光，从东往西，照耀全美各地，美国自此大步迈向超级大国。回望当年，

楔 子
古城大厦的主人

罗威尔经济发达,货如轮转,客似云来,名气地位有如英国的工业老大曼彻斯特。十九世纪末,这座"纺锤之城"最兴旺高峰的时候,甚至与尼亚加拉大瀑布齐名:一个是人造城市的繁荣,另一个是天然而成的壮观,同样被视为美国的骄傲和象征。

可是好景不长,时光转到工业化发展迅猛的二十世纪,纺纱业早就不再依靠水能发电,行业加快外移到成本更低的美国南部,再到美国境外。经济结构单一的罗威尔没有跟上变化,只好一天天地走向没落。到了二十世纪七十年代,它虽是麻州的第四大城,却沦为一个贫穷的、被遗忘了的寒冷边城,越战期间大量亚洲船民的聚集地。七十年代中期,又赶上席卷全美,重创麻州的经济大萧条,罗威尔市面一片冷清压抑,招租出售的牌子林立,如寒潮一样让人心冷。相比二百五十里外欣欣向荣的大都会纽约,——那里有着世间最璀璨的摩天大厦,最时尚的人群——罗威尔宛如边陲流放之地,时光倒流七十年,更像是到了第三世界里一个被遗忘的贫穷国度。河边废弃的旧砖厂房,寂寞的残桥烟囱,百年的破屋老街,处处透着与时代脱节的无奈与凄凉。

是王安公司拯救了这座古城!从七十年代中期开始,不断扩张的王氏接受罗威尔政客们伸来的橄榄枝,在城里兴建新的总部大厦,八十年代初竣工。王氏新总部大厦时尚、洁白、挺拔,给色调沉闷古旧的罗威尔城带来现代的荣耀,更是波士顿北郊最有气势的现代办公楼地标。白色的十二层大厦三叠相连,挺拔壮观,从高空鸟瞰,别有深意地呈 W 形,在周边一片低矮的木屋民房中间,卓然鹤立,气势恢宏。

离大厦不远,流淌着麻州第二大河——玛丽麦河,它蜿蜒流长,激流飞瀑。正是这一条河,奏响过美国工业革命第一曲胜利的凯歌。河景很美,尤其在城

南的罗威尔大学南校区那一段,河面开阔,水量充沛,或缓或急,宛如一曲高低起伏的流水乐章,此段被称为波塔奇河。河边的古老建筑物零零落落,颓废的砖墙,斑驳的铁桥,处处反衬着长河两岸的天然美景:大江转头,草长莺飞;长河托日,百年依然。

从1976年到1984年,在个人电脑大行其道之前,王安博士领导的王氏公司曾经以绝对优势统领了美国的办公市场,一枝独秀。它自行研发推出一系列优秀的桌上电脑产品,高峰时占领了美国80%的办公市场,深受用户欢迎,声名鹊起。公司在全球范围飞速扩张,大肆揽才,员工快速增长到好几万人。因为王氏总部迁移到此地的缘故,罗威尔这座历史名城,重新回到世人的眼前,享受重生似的第二次风光。

可是到了1986年,两年前还是如日中天的王氏再次陷入了重重危机。刚刚当上王氏总裁不久的富二代王烈过于青嫩,经营不善,四面楚歌。而为了扶持儿子,已经66岁、退休多年的王安无奈重出江湖。他孤军奋战,感到心力交瘁,不禁暗想:是否廉颇已老,上天给的幸运已经用完了?

真没想到啊,刚才那一通来自白宫的鼓励电话,却让他重拾信心。老骥伏枥,壮志不灭!现在,他骄傲地站在自己王国的顶端,沐浴着晚霞,一任尘封了许久的记忆之门打开,让时光的轮盘回转,血泪与汗水交织的故事重现……

这一切的起点,当然是在中国,那梦魂萦绕的美丽江南故乡,那段难忘的、颠沛流离的如歌岁月。

DR. AN WANG

少年漂萍

踏上新大陆的那一刻，连王安自己都没有想到，从此要在这个异国他乡，独自漂萍。

第一章
少年江南岸
DR. AN WANG

　　王安生于1920年，中国上海的一户普通人家。他是家中长子，上面有个比他大一岁的姐姐，下面还有两个弟弟，一个妹妹，年纪比他小六到十四岁。王安离家早，十三岁就住到寄宿学校了，那时小弟还没有出生呢，大弟也才七岁，岁数差太远，小的们对大哥心生敬畏，玩不到一块儿，而温和懂事的姐姐和他一起长大，一同玩乐，姐弟关系就特别好。王家是个大族，族

▎旧上海，黄埔江边

第一章
少年江南岸

谱的清晰记录可上溯到二十三代以前的元朝初年,再之前还有因为户籍迁址千里,笔录稍欠清晰的二十五代,加起来都快有五十代的记录了。王氏的这一族延绵上千年,可算是当地有名的望族。

王安的出生和成长时期,正值民国初年,中国刚刚摆脱了数千年的封建体制,军阀混战,战乱不断,民不聊生。同时也是一个刚对世界开放的、英杰迭出的崭新年代。

王父在上海四十八公里外的昆山的一所小学教书,教的还是上海滩当时特别时尚,又特别少人用的英文。王父饱读诗书,中外兼修,属于很有学问的人士。他年少时接受过严格的私塾教育,在风气渐开的上海,又能找到机会学英文,并且在上海交通大学念过一年大学,在民初,这样的学历算是相当高。在身为教师的严父管教下,长子王安从四岁就开始认英文字母,四年级开始学英文,在外语教育并不普及的民初,这算是极不寻常。

王父为人深沉坚定,多才善学,热心助人。在学校有时因战乱停课时,他就当中医替人治病。教英文,施中医,能文能武,博学敏思,一手悬壶救苍生,一手教学新文字,王父因此在昆山当地广受尊重。

小王安六岁以前,住在上海的外婆家,王父在昆山教书,劳碌终日,只有周末才能回家。王母对小孩很是慈爱,管教宽松,管吃管穿,心中但求孩子们能在此乱世里快乐健康。王安的小弟妹们在夜间玩闹,不肯睡觉,他这个当大哥的却没有什么法子,只埋头看书不搭理,姐姐有时也哄不住他们。母亲一来,二话不说,把他们全体都赶到床上,灯一熄,她一边轻拍着最小的妹妹,一边哼起好听的歌谣:

摇啊摇,摇到外婆桥,外婆叫我好宝宝。

糖一包,果一包,外婆买条鱼来烧。

头勿熟，尾巴焦，盛在碗里吱吱叫，吃拉肚里豁虎跳。

跳啊跳，一跳跳到卖鱼桥，宝宝乐得哈哈笑。

……

亲人的声音，家乡的味道，江南的风景，就在那些睡意蒙眬的夜里，一点点地潜进脑海。如此，四面砖墙内就是孩子们嬉戏的乐园，邻舍之间守望互助，倒也平安。暑假他们去昆山，青山秀水，绿野葱茏，一弯流水绕城过。孩子们走街串巷，一有空就疯玩，最喜欢跑到郊外的小山坡，山顶有座小小的六角古亭，他们从山脚起跑，比赛谁跑得快先摸到亭砖，再大呼小叫地从山顶直冲下山。

可是，外婆家和祖母家只有一街之隔，平日里一大早，小王安都要被老祖母叫去，背《三字经》《百家姓》，念"四书""五经"。每天他都得皱着眉头大声朗读，老老实实地一字不差背完，最后才会有一颗糖吃。

子曰：学而不思则罔，思而不学则殆。

知之者不如好之者，好之者不如乐之者。

中不偏，庸不易……

"奶奶，中当然就是不偏，但是为什么庸不易呢？"管它庸易不易的，小王安胡乱挑了个问题，只想快点结束，能有糖果吃。

老祖母停了下来，看着这个自幼聪明的王家长孙，心中欣喜。多少年以前，他的姆爸，好像也是这样问过吧！

"你姆爸每星期都从上海去昆山，一大早教书，还要替人看病，休息天还奔波回家，看看你们小孩子的功课。你说，他容易么？"

小王安摇了摇头，父亲忙碌、严谨又沉默，极少看到他宠爱的笑容。

老祖母惇惇道："所谓物尽其用，人尽其材。庸，就是用，在世为人，总

第一章
少年江南岸

要有用……就像你的爸爸。唉，一个人养这么一大家子，他也真是不易……"

"中庸，也说做事做人，不要赶尽杀绝，"老祖母又道。想到这数十年来不停的战乱，叹道："这世道，强抢豪夺，杀人放火，恃强凌弱，你说，他们是在遵古训，行中庸之道么？"

小王安想了想，回忆起曾经看到的大人间的血腥械斗，遍地残肢血水，打了个寒战，摇了摇头。

老祖母慈爱地拉起他的手："要记得，做人做事，不偏不倚，不卑不亢。自己做得好了，也要帮助别人做得好，要均衡，懂进退……这些都是老祖宗传下来的古训呢。"

"嗯。"小王安似懂非懂地点着头，眼睛盯着茶案上那盒甜香的糖果。

几十年后，当王安早已富甲一方，自己也当上了祖父时，回想老祖母当年的耐心和自己的顽皮，不禁微笑，更从心底感谢来自至亲祖辈的加持和帮助。老祖母在不知不觉间给他灌输的儒家哲学，比如节制，耐心，均衡，简单明了，服务社会的思想种子，早已在幼年的琅琅书声里，默然生根。而他，也不知不觉地，把这套哲学运用到企业的日常管理上——没错，尽管离故国已远，又身处在瞬息万变的高科技行业，他却是一位不折不扣的儒商！

上海，自古以来的兵家必争之地，重要的长江出海口，连接中国和世界的码头，不可避免地成为军阀们争相抢夺的地盘。1925年3月孙中山逝世后，奉系的张作霖，直系的孙传芳，加上后来为了统一全国而奋战的北伐军，为争夺长江下游特别是上海的控制权，在沪宁路一带，拉锯开战，血流成河。

1926年，北伐军很快要打到上海，直奉两系联手合流，做最后的军事挣扎。孙传芳纠集残部八万人，驻守在交通要塞沪宁铁路、沪杭铁路一带，准备迎战由蒋介石统帅，从广州联合起兵，一路北进血战的北伐大军。王父

每周来回上海昆山的常规路线也因为战事频繁，危机四伏，险象环生。王父左思右想，觉得既不可冒险奔波，也不能丢掉这份养家糊口的教书工作。权衡之下，只好说服老娘和妻子，转移家产，举家搬迁到相对安静偏僻的昆山。

王安时年六岁，好动调皮，聪慧敏锐。家里人都觉得他是块读书的料子，希望他能尽快上学。可是王父所在的学校没有设幼儿班，也没有一、二年级，他怕儿子在家里疯玩学坏，心一横，干脆把他直接塞到三年级上学。

王安本来就个子小，跳了两级，第一天上学，面对的都是比他高大得多的三年级孩子。上课时，邻座顽皮，趁着老师不注意，从王安整整齐齐的新文具盒里抢走笔墨，涂黑了书页，又挥着拳头威胁他不许出声。小王安受到委屈，整天嘟着嘴，功课又愣是听不懂，不知所云。硬着头皮上完课回家，他向父母哭闹，说不想再去上学了。

心软的王母跟丈夫商量："要不缓一年再上课？在家里奶奶还可以教教他……"

王父叹了口气："可是在家谁能教他数学、科学？"

他转向儿子："英语里有一句话说得好啊，You either sink or swim——不能游水就要沉水。你才上学第一天，再试试看吧，要是努力过了，还是要沉水，那就再缓缓吧。"

父亲的话，让好强又聪慧的儿子再次鼓足勇气踏入教室。他央求老师，说自己个矮，就坐第一排的第一个位子。一般孩子都不喜欢坐在老师眼皮底下，他总算是安安静静，落个清爽。

面对全新的环境，小王安虽年幼，却也晓得观察、思考，甚至实践。

有一天，放学回家的路上，他在路边发现了一个鸟窝，里面竟然还有一只小麻雀，羽翼未丰，张嘴呜呜。

第一章
少年江南岸

小王安弯身把鸟窝捧起,没有父母的小鸟好可怜哦,可不可以用小虫子小米粒养活它呢?还要多久它才能长满羽毛,飞去找同伴呢?一连串的未知问题让他很着迷,他很想养这只小麻雀!

王家的家规甚严,不许孩子们不经允许拿别人的东西。他不敢直接把鸟窝拿回家,而是先把它安放在家门一侧,赶紧去找妈妈。王母正在和丈夫说话,看到儿子疾跑进门,笑道:"看你跑的这一身汗,快来喝杯水吧。"

"嗯……这个……"小王安紧张地看着父亲的脸色,想到他平日里的严厉,犹豫要不要马上就提这个小鸟的事。管它呢,先喝水吧!

喝完一大杯水,又磨蹭了一会,他终于憋不住,对父母说:"我在路边捡到一只小麻雀,还带鸟窝呢……真的是捡的,不是掏的……我可以拿进家里来养吗?"

王母跟丈夫对看了一眼,笑道:"看你一直坐立不安的,我还以为你又被先生狠狠训话了。当然可以啦,快拿进来吧!"

小王安开心地飞跑到门边,捧起鸟窝刚要转身进门。咦?小麻雀呢?不见了!

哪儿去了?它不是还不能飞么?

再转头一看,一只脏兮兮的野猫正在津津有味地啃着鸟骨头!小王安哪里会想到,就只是喝一杯水,犹豫了那么一阵子的工夫,弱小的、没法保护自己的鸟儿竟然就被吃掉了!

小王安气坏了,一边大哭,一脚把野猫踢走,手捧鸟窝,伤心了很久。

这一则让他后悔不已的童年往事,却成为他印象中最深刻的第一个人生教训!小鸟的悲剧让他知道,行动要比说话更重要!如果一开始就先把鸟儿拿进家门,再跟父母商量,那只可怜的小鸟就不会被吃掉了。短暂的犹

豫，结果却是生死攸关！

于是，先谋后动，在他尚幼稚的思维里，变成一边思谋，一边行动。他天资聪慧，爱思考，勤动手，又喜欢学习新鲜事物，渐渐地，上学成为乐事，学业不再艰难，他轻而易举地在数理课上拿下全班第一。他的个子仍然又瘦又小，言语不多，可是，班里其他的大孩子们没敢再欺负他。反而，邻居的孩子们却成天被自家的父母念叨：你看看人家小王安，个子豆丁小，比你还小两岁呢，功课却强你那么多！

几十年后，在他口述的自传《教训》里，王安自己这样说：

"处于水深过头的境地也有好处，有点像你不会游泳却偏要把你扔到水里，你不是很快地学会了游泳，就是沉了下去……你也许会憎恨这种不愉快的经验，但对自己应付困境的能力却能增加信心……经过一番奋斗，对功课和社会的压力都能应付过来。"

事实上，王安做得非常好，远比"应付"要绰绰有余。他的成绩名列前茅，数理和科学尤其出色。他的个性温和，不喜炫耀，沉静敏行，又喜欢动手实践，和同学老师都相处得很好，没有出现所谓"高分低能"的现象。上完小学六年级，王安父母觉得他的文科成绩不够好，打算让他再读一年六年级，也好缩小他和同班同学的年龄差距。

因为这个事，王安和父母又吵了起来。

"我不要再读小学！成绩比我差的都要上初中，凭什么我要留级！"他大声反对。

"你的数理是不错，但是你看看你的古文和伦理成绩，那才刚刚及格……你这是勉强毕业！初中的竞争不比小学，要激烈得多。我们都是为了你好，不想你念得太辛苦。"王父说。

第一章
少年江南岸

"不怕的,我能跟得上!"儿子倔强地说。

"统考的文科你考得上不?很难考的!还有,上初中要十个大洋,念得好和不好都要交。你还是好好把你的文科补好吧。"王父另有想法,叹了口气。

王安知道再说无用,就住了口。心里却是打定了主意。

昆山辖内的人口有十多万,适龄学童成千上万,却只有两所中学,每年统共只收录50到100位新生。所有学子都必须参加统考,择优录取,竞争激烈。王安不顾父母反对,自己偷偷跑去参加初中考试。考试结果出来后,出乎所有人的意料,他在所有考生里名列第一名!

王父喜出望外,之前所有的争执都忘记了,他二话不说就掏出了十个大洋给儿子缴学费。

这是一个小小的胜利,不用复读了!王安喜不自禁,父母也跟着高兴;另一方面,他对自己的学习能力新增信心。文科是不喜欢,可是真逼急了,目标明确全力以赴,他一样可以做得很好。

以地区第一名的成绩考入当时最好的中学,这是王安独立思考,付出行动,并取得成功的第一次。这次的成功,给了他宝贵的自信心。在日后漫长的人生里,不利的困境时时造访,而类似的自觅生路,突出重围,在他的生命里循环上演,越来越惊心动魄!

当年王安13岁,离家寄宿入读省立上海中学。该校校长是美国哥大硕士,受美国著名教育家John Dewey的亲身教导,该校教材来自美国,全部英文,有些科目甚至是美国本土的大学教材。学生早上6点起床,下午4点放学,9点熄灯,实行不折不扣的精英教育。王安从此远离父母上学,在战火纷飞的年代里,刻苦求学,凡事独立思考,冷静应对。

从中学到大学的那段求学光阴，抗战尚未全面爆发，世事相对平静，尤其是在学校的象牙塔里，还是用功读书、见空玩耍的时候为多。那段日子，也是他少年得意，如鱼得水的快乐回忆。

读书考试早就不是难事了，他一头钻进学校的图书馆看杂书，最喜欢的还是来自国外的最新英文科技书，眼馋手痒，就自己动手做实验。失败的当然不敢示人，成功时他就非常高兴地拿给同学们看。他和几个同样痴迷新科技的学友，办了一份校内科技杂志，从选材翻译，到排版印刷，全部都自己来。偶尔也要出去玩的，踢球、郊游、看电影、跳舞、唱歌、聚会——只要有机会有时间，他全都感兴趣。只是不太喜欢政治，对游行演讲什么的都不感兴趣。心想：这样长篇大论地说啊说，辩论来辩论去的，哪里还有什么时间来真正做事呢？

王家虽然不是什么达官权贵，却还算人丁众多。在混乱的民国初年，各种政党，各路军阀，各类人物轮番上台，什么样的事情都在家族里有所听闻。王父清高，不喜政治，专心教书，这也影响到他的孩子们。可是淡漠并不是无情，有一次，在国共分裂，共产党人在上海被杀戮追捕的血雨腥风时期，王家有位亲戚实在走投无路，只好一直躲在王安家里。王父把他藏好，严令孩子们不可向外人透露一个字，否则就会要了叔叔的命。如此过了半年，到安全了才把他送走。王安虽然常有主见顶撞父母，内心实则至孝，耳闻目睹，也很小心，很早就知道祸从口出，不可乱说话，加上读书后本身就变得个性沉静，和他一起长大的朋友同学，早就习惯了他的沉默寡言。

和王安同学、同事多年的徐修惠老先生回忆道："王安从小就不多话。高中以前就那样，不太说话，但很能念书，能做事。"

以昆山地区状元的身份考入上海高中，只是一个全新的开始。几年后，

第一章
少年江南岸

王安又以江苏地区状元的身份,以全科第一名的成绩,考入国立交通大学当时最热门的电机系。

那时,交通大学是国内最好的理工大学,在中国的名气,有如美国的MIT(麻省理工学院)。著名的校友包括1934年从该校机械工程系毕业的钱学森。"二战"那时还没有开打,钱学森一毕业就考取了清华的庚子赔款公派留美资格,成为当年二十名留美公费生之一。自1909年起,通过庚子赔款全国海选出来的留学生,多是时代翘楚,一代精英。庚子赔款留学的名人很多,包括胡适(北大校长)、赵元任(语言学家,汉语拼音化的重要推手之一)、梅贻琦(清华校长)等等,他们胸怀大志,努力不懈。学成归国后,更成为各行各业的中流砥柱。

1936年,钱维翔(留美学人,后来成为国防科技专家)和王安同时考进国立上海交通大学,又在美国和王安相熟,他在1986年写下的《王安杂忆》很是有趣:

"我们那个时代的中学教育办得相当出色……老师们相当尽责,不要学生死背,尽量启发学生的思考能力和创造力。那时,中学流行奖金制度,每次考试,全班前五名依次发给数额不等的奖金。王安因为成绩优异,大概从中学开始就没有缴过学费。当时江苏省的中学每年都办会考,王安常是全省的状元。"

"我和王安同时进了交通大学,他选的是电机,我修机械。交大的制度相当有趣,上课座位按照入学名次排,第一名就坐第一个位子。王安是第一名进交大的,自然坐第一排的第一个位子。他那时才十六岁,比班上一般同学小两岁。入交大第一年,他就被指派为班长。"

这个小个子班长可不简单哦,位子一坐就是四年!

　　王安喜欢玩各式球类。可是因为个子太小，没法在校队踢足球，最多只是当个替补，守守球门当当球靶什么的，很不过瘾。好胜又好动的他于是把注意力转向对身材要求不高的技术性运动：乒乓球。大学四年，他花在研究乒乓球技和练球的时间，远远比花在专业功课上的要多得多！如此专注努力的结果，就是他如愿加入了交大的乒乓球校队，常常随队出征和其他校队厮杀。对他个人来说，这又是一次小小的胜利。

　　虽然王安长年在外求学，但作为王家大族的长子，却跑不掉一成年就被父母指定一门婚事。对方也是昆山名门望族，两家人一个劲催他赶快回来成亲。他才刚满十七岁，父命难违，心里却是老大不乐意。可是那份已记录了四十八代的王家族谱，总不能在自己身上断了根。左思右想，无计可施。于是在那个多事的暑假，准备先回家订婚，再图良策。

　　可是，就在这个时候，日本人打进来了。中国大地十年内战的烽烟，很快被更惨绝、更残酷的熊熊战火覆盖燃烧！小到一家，大至一国，都被卷进无情的战火。

　　可是，即使在他最疯狂的想象里，年轻的王安当时无论如何也没有预料到这场战争的残酷、漫长和无情。更没有想到，从此他会与血浓于水的家乡和亲人，生剥活离，天各一方！

第二章

漂萍乱世间

DR. AN WANG

1937年，王安17岁，念上海交通大学才一年，"抗战"就全面爆发了。

那年暑假，7月，王安拗不过父母，不情不愿地回家定了亲。对方也是望族，据说小时候他们还见过一面的。在宴席上，王安仔细看了对方一眼，毫无印象。心想：小时候凑一起玩泥沙的小伙伴们多了去了，哪里还记得谁跟谁？男孩女孩还分不清爽呢。见对方脸圆身短，未语先羞，和城里洋气漂亮又大方的同学一比，土气得很，心里一下就泄了气。只是不敢当面抗亲，唯唯诺诺，一边跟对方家人吃饭，一边心里直犯嘀咕：怎样退掉才好？回去跟同学们提，可不要被笑掉大牙了。

心情郁闷，加上战事的坏消息一个接一个地传来，真真假假让人无所适从。他待在昆山家里，天天研究报纸，想从隐晦难明的文字里看出战事的实情。又待了数日，报纸的信息越来越少，他敏感地觉得，这跟好大喜功的政府口吻不大对路，越想越觉得形势不好，开始担心回校的路途或会因着战事的变化而延长，于是决定提早结束假期，与父母弟妹们匆匆挥手作别，坐车回到上海交大。这个决定其实非常幸运，否则他很快就会被战火阻隔，回不了学校，念不完书，甚至连性命都可能在路途上丢掉。

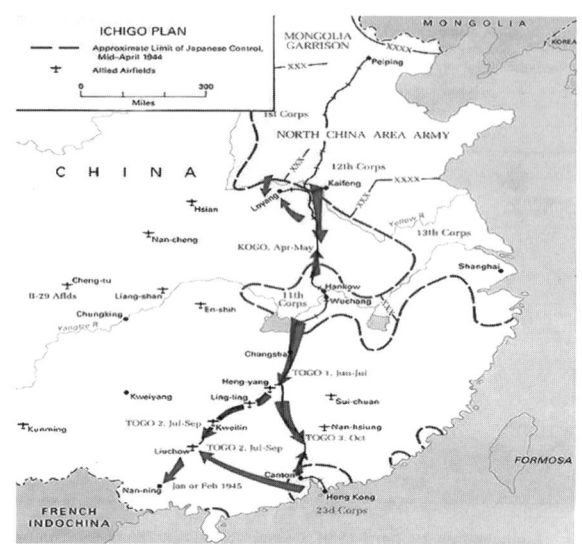

■ 1944年的中国，美国军方绘制的日军一号作战图：虚线内为日军控制区，箭头为日军推进路线图，飞机符号为中美联军空军据点。

  8月，暑假还没有过完，日本侵略军入侵上海，与奋勇迎敌的国军正面遭遇，在上海一带激战三个月，史称"淞沪会战"。国军以血肉之躯抵抗拥有最先进武器的侵略敌军，坚韧顽强地粉碎了日军在三个月内拿下全中国的野心，却因久战伤亡惨重，不敌对方的坚枪利炮，国军第一次大溃退。日军之后马不停蹄入侵南京，残忍地进行大屠杀报复。在日日夜夜、四面八方猛烈的战火中，国立交通大学所在的二十三平方公里的法租界，是当时上海周边唯一比较安全的地方。熊熊的战火燃烧了几年之后，非但没有停熄，反而随着第二次世界大战的全面爆发和战争形势变化日益危殆，尤其是1940年法国陷落于纳粹敌手之后，远在上海的法租界也就失去了国际保护力量，中立地位丧失，很快就完全落入了日本人手中。

  1940年，王安以应届毕业生成绩第一名的优异表现，留校上海交大当

第二章
漂萍乱世间

上电机系助理教师,生计暂时无忧。他和法租界外面的家人音讯阻断,日夜焦心,最牵挂的就是家人的安危。好不容易盼来父亲的来信,匆匆一读,却是痛彻心扉,经年难消。

安儿:

近好!又值正月新年,知你甚为挂念,匆匆修书一封。唯你切切不可离开租界,方圆千里,唯此地最为安全尔。吾等东躲西移,有家难归……既悲且痛,只不可再对你忍瞒:你母已逝,全家悲泣。乱世穷途,唯就近择地入土为安。待时局稍为安稳,你再到她坟前叩拜。我尚可坚持,别无他念,唯望你能平安,你的弟妹们平安,国军能胜,还我家园!父泣字。

"母已逝"三个字,如晴天霹雳,震得他的世界一片漆黑。他默默地回到宿舍,拉上被子,热泪开始滚落。眼前出现了江南亲人们的面孔,慈母的笑容,她温暖的手牵着他的小手,踏着新年的鞭炮红屑,走家串巷去拜年……

擦得走眼泪,却擦不掉回忆。国恨家仇此刻如同一团烈火,在王安年轻的心内燃烧。从此他寻找机会,一心一意想为抗战贡献力量。1941年夏天,在上海沦陷的隆隆炮声里,他和八个同班同学一起,包括好友徐修惠,报名参加了一项最能发挥他们专长的工作:设计和制造供国军使用的发射机和收音机。这在当时属于最前沿的科技应用。

为了避开日军的炮火,这支刚刚组建的技术小分队,成为国军的一支技术特编,属中央管理,沿途设有士兵护送。他们先走海路,从上海乘大轮船抵达香港,之后换坐小舢板,在夜幕掩盖下一颠一簸地到达对岸广州湾。广州湾因为之前是法属,早已沦陷,受日军控制。白天,王安他们到处找地方躲避,隐藏,以免引起鬼子的注意。夜幕起时,他们开始急行军。如此晓宿

夜行，走走停停，三天之后抵达尚未沦陷的广西，这才敢放心地在白天走大路。他们一边放开脚步疾走，一边兴奋地唱起了当时流行的战歌："走，朋友，我们要为爹娘复仇！走，朋友，我们要为民族奋斗……"

曲曲折折，前后用了好几个星期的时间，他们终于抵达目的地桂林。刚一到达，行李一放，马上因陋就简开始组装无线电机装备。时年21岁的王安当上组长，负责一个战时无线电设备小组，供国军用以远程通信。

当时的桂林，因为距内陆山高路远，在东北满洲的日军主力一时很难打过来，广西又离国境线近，方便与国外盟军的不间断联系和物资补给，因此早在日军侵华之初，就被民国政府视为南方重镇，很多重要的战略部署都放到那里。比王安早几年从交大毕业的国内无线电先驱王端骧等人，已经在桂林创建了当时中国自制的最大功率（10kW）的桂林广播电台，接收和播发最新的时事消息。

可是战争局势越来越严峻，王端骧本人正要去重庆设立新的广播站，还要去美国接受最新的科技培训，正在分身乏术，焦头烂额之际，看到来自全国各地的技术精英们组成的新队伍，其中还有他的交大学弟们，冒着炮火南下，风尘仆仆地赶到桂林增援，大感安慰，真是太高兴了！

他对着那些一头雾水，从来还没有摸过发射机的年轻人说："欢迎大家！我今天真的特别高兴！你们都是大才子，脑子都特别聪明好使，一开始弄不懂也不要慌神，多琢磨琢磨……我也是新手上路，一直摸索到今天的，资源又非常有限，订好了的部件也常常到不了。可是，现在国难当头，每个人都有难处，我们都要拼尽全力，把不可能变成可能！我们再怎样苦，也没有前方的将士们苦。好好干吧！大家都辛苦了！"

王安专业成绩数一数二，脑筋转得快，动手能力又超强，因此一开始就

第二章
漂萍乱世间

被委以重任。他明知是挑战艰难,做从未做过之事,还不允许出差错,可是为国为家,却是硬了头皮,心甘情愿地苦干。从此,白天黑夜早就没了概念,只知道伏案埋首,整理各种或新或旧的电子部件,思考,检测,组装……每一个人都身负重任,拼了命地干,重要性不亚于前线的短兵相接。王安一辈子都极少抱怨,唯独是在桂林工作的那几年,在自传里常常提到"责任重大""艰苦"等字眼,可见那段日子,确是他一生里最苦累,又最危险的岁月之一。

战争期间,情报信息的准确传递往往是决胜的关键。因此这个先进的技术队伍自组建以来,一直受到日军的"特别关照"。他们刚刚在桂林落脚,才发出了第一组无线电波,日军的情报部门马上就监测到,知道了这支他们一直寻找的最新技术队伍的位置。日军轰炸机接到命令后马上出动,呼啸着往无线电小组的驻地冲去,沿途不断地投弹。警铃大作,负责地勤保护的军官冲进屋,沉声大喝:"快躲进洞里!"一边协助各人以最快的速度,把最珍贵的仪器抢到手里,往最近的山洞里冲。

也幸亏桂林山多,国军利用地形优势,先前在溶洞里挖了很深的防空洞,敌机一来,他们就躲在洞里面,接着讨论技术难题,或者闭上眼睛歇一会,甚至还打打牌换换脑子。等敌军的炮弹都投光了,敌机都飞走了,才回到工作室,收拾被震翻了打碎了的仪器,从头再来。

"咦?怎么回事?这部发电机怎么不亮了?"手动摇发电机的同事招手叫王安过来看看。别看王安个子小,却是个技术头儿,机器要是出问题,找他准没错。

"你摇得太慢了,加快点。"王安测过瓦数,很有把握地说。同事于是加快了速度,终于灯亮了。

"小王，你干脆再测一下，一分钟摇多少次才达标，老这么使劲要累死个人了。"摇得满头是汗的同事说。

"好主意！"王安让几个同事都加入进来，他们先是测速度，再测力度，又测瓦数，几经折腾，终于搞出一套标准的手摇发电机动作。他们好笑地说：咱们都练成了标准的机械手！

最难应付的，还是物资短缺。所谓巧妇难为无米之炊。战争困难时期，要什么没什么，人和装备还要不停地转移，常常要躲轰炸，通信设备还必须日夜不停地运转，工作压力非常巨大。急需的器材用品都是通过空军好不容易飞过驼峰航线运来的，不够用，不及时。这帮聪明的工程师们，既动脑又动手，用好不容易搞到手的简单电子部件，和零零星星的一些国外新技术文章，左思右想，左拼右凑，绞尽脑汁，不眠不休轮班倒，虽然辛苦不堪，却能力保军用无线电通信设备能全天候工作。

1944年4月，侵华日军开始了所谓的"一号作战计划"，史称"豫湘桂会战"。起因是随着战事的推进，美军对亚太区制海权的控制力度加大，日军的海路运输总是受到美国海军舰队的有效阻挠，物资走海路因此变得危险。于是，渐入穷途的日军另打如意算盘：用武力打通中国境内从北到南的陆路交通，从东北满洲，一路接驳到日本控制的越南北部区域（本来法属，因为法国在二战时沦陷，变成日军控制），终极目标是从远东到南亚，全线控制亚太的南北陆路交通。另一个大目的，则是针对美国——计划用炮火摧毁美军在华的绝大部分空军基地，让美方无法利用中国盟军的地缘优势，对日本本土进行大规模的空袭。

烽火又起！中国战场全线告急！日军先是夺下平汉铁路（从北平到武汉的铁路干线），再击溃由汤恩伯统率的国军三十九万人防线，夺下洛阳，

第二章
漂萍乱世间

往南方一路推进，接连夺下长沙、衡阳。到了1944年底，日军打到中国西南大门，在强枪猛炮的威力之下，最终还是撕开国军顽守的防线，强攻下南大门广西的两大重镇：桂林和柳州。

中国方面，南方战场虽然一败再败，1943年由胡琏统领的国军，白刃血战，众志成城，誓死用军人的血肉之躯守住拥有最后的长江天险的四川石牌镇，力保陪都重庆不失，西部不失，半壁江山不失，从而阻止日军全面侵吞中国的企图。后方军民越打越勇，敌占区游击战争不断，战火从北到南，烧遍中原大地。美国盟军同期在日军占领的太平洋诸岛一一登陆，对日军展开激战，将岛屿一个一个艰难地夺回。中方则在广袤的国土内，牢牢牵制着日军近80%的主要兵力，让其战线不断拉长，却无法真正占领整个中国。

1944年底，在桂林大会战的隆隆炮声里，王安所在的国军技术小组安全转移，撤到了重庆，在那里度过了战争的最后一年。这支在炮火中诞生的无线电队伍，及其所在的桂林、重庆工作站，非但没被打垮，反而在战乱中培养出中国第一代的现代通讯科技精英。在人数最多时，桂林中央无线电厂的工作人员达到一千多人，是当年非常重要的一个机构。

当时他们参照美国制的收音机，做成第一代国产"飞歌"牌收音机，方便国内的广大民众收听新闻广播。这款1946年的"飞歌"牌806型五灯收音机，是战后移回上海、南京、天津的几大无线电厂的主打产品，品质优良。

就在王安和队友们一边躲敌机轰炸，一边殚精苦思，努力为抗敌工作的时候，远在江南的王父却没有那么幸运，他没有能躲过敌人的炮火。王安在很久之后才知道，从小给他教导，给他支持，给他力量的父亲，在战火蹂躏，

1946年中央无线电厂制造的"飞歌"牌收音机

颠沛流离的逃难途中,抱憾离世。

消息传来,孝子王安心如刀绞,红了双眼,哑着声音追问送信的人:"什么时候的事?他是怎样死的?怎么过了这么久才告诉我?!"

送信的人叹气道:"我哪里会知道?我也是辗转听到的确实消息。打了那么多年的鬼子,你家里的人老早就被打散了,你姆妈去世后,你姐嫁了人,现在连你姆爸也走了,你的小弟妹们分别被不同的亲戚领养,好歹有瓦遮身,还不至于饿死……别哭别哭,唉,打了这么多年仗,能活下来的都不知道是怎样活过来的,更不用说是怎样死了的……你还是别难过了,节哀顺变吧,好好保重你自己,王家以后就靠你了啦。"说完之后,送信人拍了拍他的肩膀,擦擦泪,摇着头走了。

好汉有泪不轻弹,只因未到伤心时。王安的泪水还未干,丧父之痛还未完全缓过来,很快又迎来一记痛击,又一次遭受家人离世的悲剧。和王安一起长大,一起读书嬉闹,他的至亲姐姐,在1945年因病去世。

在抗日战争期间的短短几年内,王安从一个大家族备受呵护的骄傲的长子,变成了一个父母双亡,无依无靠,有家难回的流浪孤儿。他恨那些

第二章
漂萍乱世间

残暴的侵略者，对不能保护百姓的政府感到失望，在那些孤独难眠，泪水难干的长夜，故乡变得遥远万分，而他的工作居无定所，注定了要长期在千里之外！他不愿再添加自己的心事和别人的挂牵，只想埋葬内心的痛苦，专心于手头的工作。

1945年初，王安和他的同伴一起踏上了去美国的征程，从此，他和他那几个年幼的弟妹天各一方。昆山的老家，上海的家园，早逝的亲人，都只能在梦里相见。一直到三十年后的1975年，他才有机会回国，与弟妹们相认，抱头痛哭，恍如隔世。

八年抗战，让他失去了至亲、家园，也让他从一个活泼爱玩的少年，变成一个敏行寡言、勤于思考、埋首工作的年轻人。

第三章
从中国到美国
DR. AN WANG

王安在桂林辛苦工作，无论技术方案多复杂多难搞，他总能想出路数——搞定。这让他赢得了同仁们的一致尊重和信任，更收获了人生里珍贵的第一份爱情。

1942年前后，全国各地前来中央无线电厂工作的人渐渐多了，年轻人无论到哪儿都喜欢玩乐！他们成立了一个ABCDE俱乐部（按英文单词的头一个字母，分别代表了体育、桥牌、合唱、跳舞、美食），反正就是找机会一起吃喝玩乐，吹拉弹唱舞。王安工作繁重，唯一抽时间参加的活动是跳舞。他的个子虽小，乐感和舞步都不错，还是很受女孩子欢迎的。

厂里有一对从美国请来的技术专家夫妇，看到大家平日的生活清苦，于是逢年过节都在家里开晚会，请来那帮成天忙得不见影的年轻人，喝喝酒，聊聊天什么的，轻松一下。

那一年的圣诞节晚会，连很少出现的厂长都来了。王安刚好也在，正在聆听男主人的谈话，没想到厂长特意转到王安的身旁，拍了拍他的肩膀，以年终奖励那样的语气对主人夫妇说："你们别看王安不大说话，他可是个天才啊，做大事的人物呢，我们都要支持他。"一席话，让王安脸都红了，更是

第三章

从中国到美国

说不出话来，主人夫妇被逗得哈哈笑，也引起了旁边一位漂亮甜美女孩子的注意。

她定睛一看，咦，王安不正是那位常常和自己跳舞的小伙子吗？没想到他这么出色受重用！于是她也掩嘴笑。王安视线飘到她那里时，见她笑意盈盈，忍不住心里一动。也是为了解围，王安便往她身边走去，两人有说有笑地聊了起来。她在电厂当秘书，王安是技术骨干，又都单身离家，于是顺理成章，两人相恋，并且在桂林成了婚。

在王安心里，婚姻大事没有父辈在场，很是愧疚。可是当时通讯很困难，他们没法通知双方父母，也只好想着，打完仗后再说吧。

经过中国军民多年的浴血奋战，日本侵略者已经是强弩之末，败象已现。1944年底，民国政府为了战后重建的需要，用考核的方式选拔了一批当时最优秀的年轻工程师到美国学习工程技术，即所谓的"技术观察员"。

▎40年代桂林保卫战后，当地街景

当时选拔了上百人，真正能分批成行的有七十多位。二十五岁的王安以统考第二名的成绩，成为这批顶尖人才中的一员。

1945年初，在第二次世界大战快要结束的曙光里，王安和他的同伴们，平生第一次坐上飞机。那时欧亚大陆到处还在打仗，从中国到美国，走的是一条异常复杂艰险的，包括海路、陆路、航空的漫长路线！

日本人的战机还在不停轰炸，当时唯一能够飞离中国的空中通道，就是以曲折危险著称的驼峰航线（又称死亡航线），航线全长800千米，最高爬行高度为极限的4570米。他们从重庆出发，飞越金沙江、澜沧江、怒江、萨尔温江、横断山脉、高黎贡山脉，最后惊险飞掠喜马拉雅山脉南麓两道巨大山峰之间的一条小凹道，一路在起伏连绵的山体上高飞，低旋，险象环生，几经艰难才到达飞行目的地——印度北方的简陋机场。

DC-3运输机是"二战"时期最有名的实用机种之一，样式虽然老旧，却异常坚固，传说即使被击落一只机翼，半个机尾，只要驾驶员技术良好，还是能够安全飞行，着陆。

王安和同伴们，此刻就坐在DC-3飞机两侧的长凳上，随着机体的上升，翻转，他们感到空气越来越稀薄，呼吸十分困难，心里只盼能平安着陆。突然听到"砰砰"的两声巨响，机体大幅震动。王安不禁心里一凛："躲了这么多年的炮弹都没事，难道这回出国，真这么不走运，被日军的战机给击中了？"

第一次搭机的小伙子们你看着我，我看着你，谁也不知道究竟发生了什么情况！因为呼吸越来越困难，他们连话都讲不出。机舱里气氛紧张，人人脸色苍白，努力坐稳，克制住恐慌，艰难地呼吸。

飞机在轰隆响声里，曲折山体间，仍然抖动着前行，最后终于安全着陆在印度北部的小镇Ledo。踏出机舱后，王安长呼一口气，心里暗想：真是

第三章
从中国到美国

捡回一条命！后来才知道，呼吸如此困难是不正常的，是因为飞机的气压调节坏了，真的有可能是在途中被日军的炮弹打坏的！

虽然大难不死，可这次危险四伏，呼吸又极为困难的首次飞行，却在王安的心里留下挥之不去的阴影。从此，他一生都很不喜欢坐飞机，只有在不得已的情形下才乘坐这种交通工具。

在印度，他们从山区小镇坐上火车，到达大城市加尔各答，在那里等候开船通知。他们足足等了一个月，战事差不多明朗了，才得到允许坐海船出印度洋。德国刚刚在几个星期前投降，盟军在苏伊士运河的指挥权也刚刚夺回。王安他们坐的海船，是指挥权夺回后最早从运河经过的几艘船之一。船长相当紧张，一直在船头睁大眼睛朝四处看，他害怕碰到德军埋下的隐蔽障碍物或者海雷，还好一切顺利。

船过印度洋、红海、苏伊士运河、地中海、大西洋，在海上航行了足足一个月，终于在1945年6月，抵达美国维吉尼亚州的新港镇。

踏上新大陆的那一刻，连王安自己都没有想到，从此要在这个异国他乡独自漂萍。

美国东海岸初夏的骄阳，广阔原野上的鲜花，就像是上苍给疲惫的初来者们的欢迎礼物。新鲜，兴奋，严酷，考验——无论新生活以哪一种形式出现，王安这个年轻人都准备好了。

在美国这个没有战火也没有亲人的"宁静"新世界，他只想凭自己的智慧和能力，学好技术，自食其力。父母都已不在，但是他这一脉，第48代的王家长子，总不会轻易向多舛的命运低头。

那时，所有赴美的工程师们，心里都只有一个简单的念头：不辱使命，把握在美国学习技术的好机会，等仗打完了，回国效力，重整山河。

第四章
无心插柳进哈佛
DR. AN WANG

当时中国时势的变化之快,出乎大多数人的想象。1946年,抗战胜利的欢乐还未尽消,国共内战的风云又重新聚拢在多灾多难的中国大地。很快,国民党政府忙于应付内战,自顾不暇,彻底忘记了他们曾经亲自选拔的国家栋梁之材——几十位海外工程师的存在,更不再给他们提供任何经济援助。这群顶尖人才只好边在美国自觅出路,到处寻找工作机会,边苦等大陆内战结束的消息。

王安却完全没有想到,他到达美国后遭受的第一个打击,竟然是一纸离婚书!

他其实天天想着国内的娇妻,自己省吃俭用,却给她买了一件漂亮的羊绒大衣。刚准备寄回国,他却收到了一封她写来的冷冰冰的信件:"抗战已然结束,更分居中美两地,相见无期。唯情份已尽,故决定离婚。从此男婚女嫁,各不相干。愿君珍重,前程似锦。"

这对王安来说,是失去至亲之后迎来的又一记当头棒。他伤心,也好强,不愿跟人打听在他走了之后她都经历了些什么。只不断在心里猜测:以她的美貌与舞姿,无论在重庆、南京,还是上海,哪里都不乏热情的追求者。

第四章
无心插柳进哈佛

年轻时的王安

而他相貌不出众，又是个穷小子，远在异国，前途未卜。

他长叹一口气，觉得两个人确实是难以重聚，虽然心里很难受，还是决定把过去埋葬，还对方一个自由。他把几个一起赴美的桂林老同事找来喝酒，简单地说："我被离婚了。这件事，请大家以后都不要再提了，我也忘了。"

情缘已尽，旧梦难圆。曾经在一起抗敌，一起奋战的默契，让这几位唯一的知情者集体沉默。从此，无论谁跟他们打听王安的第一次婚姻，他们全都一致口径：无可奉告。

好在王安并没有消沉太久。人生的又一次挫折并没有黯淡他的自信。毕竟这一路走来，他也习惯了，靠的一直只有自己。

短暂的适应期过后，王安准备找份工作。培训计划本来就是一个中美合作项目，美方虽然没有负责生活费，但是同意提供面试机会，让这批工程师能够到各大企业见见世面，但是录用与否，则是公司说了算。如果第一次面试不成功，则要等另一家公司的面试机会。

王安的英文读写能力不错，从小学就开始培养，在中学甚至全部用英文教材。可是，他的英文口语不行。技术英语和日常英语本来就区别很大，他口音重，加上不爱说话，不擅长口头表达，一紧张，一思考，更是舌头打结，甚至磕磕巴巴。

第一次面试，就是这样黄掉的。

公司的面试人员看着眼前的东方人：矮小清瘦，打扮得体，彬彬有礼，口音浓浊，眼神清亮。

"你的简历上说你有军方经历。那是真的么？"他狐疑地打量着眼前又瘦又小的中国人。

王安答："没错，战争时，我在技术部门任职。"

"哦，你最擅长什么技术？"

"电机，组装。"

面试人笑了："电机组装？你们是在玩最简单的电路拼接吧？你知不知道我们这里是拥有全世界最前沿电子技术的老大？"他其实是想听对方讲几句恭维话。

王安却只简单答："知道的，当然。"

面试人合上卷宗："我不觉得你的经历能给我们带来任何帮助。当然你可以在这里学到很多前沿技术，但是你的资历实在太浅，你还是去一家规模小一点的公司学习技术吧。"

王安觉得面试官的看法太先入为主，有失全面，很想为自己争辩几句：匆匆几年的工作简历，又是在资源极为贫乏的战时，并不能代表他能力的全部，而且他们从万里之外前来，目的就是学习最前沿技术，公司方应该给他们一个机会。想法倒很清晰，可是一时之间，他不知该如何用英文表达他的

第四章
无心插柳进哈佛

想法和情绪，舌头打结，面红耳赤，只好站起身，礼貌地点了下头，推门离去。

二十世纪四十年代，《排华法案》还在美国留有尾声。或多或少，或明显或隐蔽，华人时时处处都会被欺负歧视，忍气吞声成为日常功课。

《排华法案》在美国历史上臭名昭著，是最具种族偏见的不公平法案。

法案的产生，有其复杂的内外因素和历史原因，而最初的起点，是美国西部的大开发，需要大批身强力壮、吃苦耐劳的优质劳工。从十九世纪中叶开始，美国加州的金矿淘金、西部果园农场的大片开垦、环太平洋铁路的修建等，大规模开发项目如火如荼，各地劳工蜂拥而至，西部人口爆发式增长。

第一路移民来自美国本土，先民们受到西部阳光、土地、机会的吸引，扶老携幼，从东岸的"冰雪地带"向西岸的"阳光地带"迁移。第二路来自欧洲新移民，他们坐海船横渡大西洋，再转走陆路，跨越美国大陆抵达西岸。还有第三路：横跨太平洋坐船而来的中国劳工苦力。

白人管理者们很快就发现：华工有时比走陆路的欧洲劳工来得更快，运输成本更低，人力成本更是各民族中最低廉的！最初他们的想法是："曾经翻山越岭建成古老长城的中国后人们，当然也能建铁路！"——事实也正如此，在工作质量上，中国人在每一个高难度项目上展现出的勤恳、能干、勇敢、精细，让白人们惊佩，特别是薪水的低微，让他们日渐感到自身生计受到了威胁。哪怕是最困难的施工，在华工们的努力下都能一一克服：开山钻洞，攀岩采石，负重铺轨，日夜开工……没有太多人注意到每一行铁轨下埋葬的华工的血汗甚至尸骨。他们以无名的群体劳动者的方式沉默地存在，没日没夜地劳作。休息时，吃自己做的饭菜，玩玩纸牌，赌赌麻将，夜夜思念着远方故乡的亲人。

年轻的华人离乡别井，一开始谁都没想到是去当最苦最贱的苦力。他们多数是广东沿海一带的种田农民，特别是台山四邑一带，人多地少，谋生不易，愿意往外闯荡。虽苦虽累，却能带来收入，于是慢慢地，越来越多的人被微薄的薪水吸引，自愿出洋赚钱，俗称"卖猪仔"，意思是人贱如猪，价格低廉，被宰认命。他们在海外卖命工作，省吃俭用，把血汗钱寄回家乡，盖屋起楼，供奉亲人，就被尊称为"金山客"，好像真的在外面捡到了金子似的，在乡里特别有面子，备受尊重。也有部分头脑灵活的人，带着商品出洋做买卖，很快就赚了一笔钱。可是那样的人毕竟是极少数。

事实上，早期华工在美国的待遇非常凄惨。在美国这个以移民为荣的国度，华工在很长时间竟受到其他种族没有经历过的极度歧视和排挤，长期在社会的边缘里讨生活，苦不堪言。

十九世纪后期的华工苦力，文化程度很低，去美国之前，他们在中国家乡，只顾埋头种地，盖房，挣钱养家，光宗耀祖，极少过问政治，不善交流，多数人连大字都不识几个，更别提说流利的英文。那时还是清末，华工还都梳辫子，着长衫，衣食住行，在西方人看来，样样都透着古怪奇特。加上语言不通，沟通不良，在挖完金矿，修完环太平洋铁路后，纯用体力的劳力工作机会大幅减少，生存不易，华工多不谙英文，又不太善于融入本土，渐渐与当地白人的大小摩擦接连不断。更重要的是，大清国力积弱，自鸦片战争之后，在国际上备受屈辱，连年战乱，大量的饥民转向海外寻找机会，最高峰时，每年有数十万人出洋当苦力。各种原因累积，海外排华情绪越演越烈，终于从华工最多的加州，蔓延到全美国，开始了长达60多年的排华狂潮。

从1882年开始，美国禁止新的中国劳工入境，甚至连家族团聚也不允

第四章
无心插柳进哈佛

许。在美国境内的华人，求职也会被政府、学校和大部分公共单位拒绝。出入境更是非常困难，所有非法劳工都面临着被遣返。那些在大海上历尽艰难，漂洋过海而来的华人，要在美国海关——西海岸的天使岛，或者东海岸的鹿岛，全部先关禁闭，等待移民官的审判。短则几周数月，长则经年，证明了来历身份，方可出监。即使手续完备，三成以上的华工将遭到美方的无故遣返。多数华工来时是举债出洋，没有余钱买返程船票，留无路，返不得，两难之下，不少绝望的劳工选择自杀。而华裔虽然能够被允许工作，但即使在美国生活多年，也不准归化成公民，更不能享受社会福利，毫无尊严可言。

同一时期，美国没有其他的种族遭受这样屈辱的法案，这实质上与美国宣扬的自由平等的宪法精神相悖。种种不公平的对待，限制和排挤，令很多华人无法与海外的亲人团聚，年轻人找不到工作、娶不成老婆。是留下来挣点血汗钱，还是打道回乡团聚？也是两难。唐人街在各大城市的发展也是在这段时间开始的，华裔只能依赖自己的社区，开餐馆、洗衣店、杂货店、药房……在貌似光鲜的美国社会，在主流忽视、蔑视的一角，自食其力，艰难谋生。而即使再辛苦，也还要努力挣钱寄回家乡，养活家乡亲人。

"华人与狗不得入内""黄祸论""人种低下论"——类似的人格污辱与赤裸裸的人种歧视，就发生在那段时期的美国。暴力事件也时有发生，特别在十九世纪七八十年代，在加州、怀俄明州，都发生过激烈的排华暴力流血事件，造成当地华工的死伤和财产损失。从1880年到1920年，在美华人的人口从105万大幅降到62万。同期，来自其他种族的移民人口却以每年上百万，甚至数百万的数量增长。

华人的负面形象，反映到当时美国的通俗电影和文学，整个就是沉默或奇怪的人种。连小孩见到华人，也会追在后面，口里唱着大人编的歌谣："支

那人呆坐在铁轨上——然后来了一个白人,把他的尾巴剪掉"。即使到了不留辫子的民国,在1919年好莱坞的默片电影《破花》里,虽讲的是华人的故事,真正的华人却无法当上主演,只能是群众演员。出现在银幕的"华人"主角,是高大健壮的白人演员,他穿着唐装,半眯着眼,缩着身子,蹲在街角,一脸苦相,沉默寡言,出入烟馆和妓院——这就是当时主流社会眼里的华人形象。

低人一等的待遇,更延伸到无辜的下一代:即使是在美国出生的华裔孩子,长大后也无法到公立学校去注册读书。在悲愤莫名的情况下,看重孩子教育,又没有资金援助、社会支持的华人终于奋起抗争!1884年,一对华人夫妇创造了历史:成功地把三藩市教育局告到高等法院,大法官沿用宪法里的公民平等教育条例,迫使教育局在强硬实行种族隔离的情况下,不得不在唐人街开办新的公立学校,让在美国出生的第二代华人也能够拥有接受义务教育的权利。这是当时难得的华人维权成功的例子,也是美国三权分立之治国基础的一个好写照。

民国之后,中美关系破冰,赴美留学的中国学生日渐增多。闻一多在留美期间,目睹当地华人的辛酸与坚忍,在1925年春天,以愤懑难平的心情,写下了这首著名的《洗衣歌》:

……
年去年来一滴思乡的泪,
半夜三更一盏洗衣的灯……
下贱不下贱你们不要管,
看那里不干净那里不平,
问支那人,问支那人。

第四章
无心插柳进哈佛

> 我洗得净悲哀的湿手帕,
>
> 我洗得白罪恶的黑汗衣,
>
> 贪心的油腻和欲火的灰,
>
> 你们家里一切的脏东西,
>
> 交给我洗,交给我洗,
>
> (一件,两件,三件)
>
> 洗衣要洗干净!
>
> (四件,五件,六件)
>
> 熨衣要熨得平!

虽然这个《排华法案》自实施以来,偶尔会受到美国政坛开明人士的批评,以及清政府、民国政府长期的抗议,可是都没有实质性的改变。一直到1943年"二战"期间,中美两国携手合作,共同打击日本法西斯,罗斯福总统为了在国际盟友间彰明美国的公平公正形象,才正式取消了这项歧视意味十足的《排华法案》。时光还要一直转到2014年,在华裔几代人长期不懈的努力下,美国国会终于认可华裔移民从一开始就对美国社会的贡献,并正式为《排华法案》道歉。

回到1945年前后的美国波士顿。二战刚刚结束,《排华法案》在法律层面刚刚取消两年,阴影尚存。美国在二战后百业初兴,很多的变化与不确定,很多的暗战,左派、右派、中间派,什么样的人都有。

与西部的几个大城市相比,在美国东岸的波士顿,华人人口不算多,种族环境也比较宽松。特别在高校众多、外国人扎堆聚居的剑桥市,环境更是自由。可是尽管如此,在1945年前后,美国白人对华人的歧视还是非常普遍。

■二十世纪四十年代的哈佛园

　　这一切，包括或明或暗的种族歧视，伴随着能学习和实践高端科学技术带来的兴奋，都深深印在年轻气盛，又自强不息的王安的脑海里。

　　找工作碰到挫折，王安突发奇想：那何不另辟蹊径去读书？一样可以学习新技术啊！那时一个月还有一百美元的民国政府资助，生活无忧，他觉得干等下一家公司的实习邀请，遥遥无期，而且还不一定会被录取。

　　要读书深造，当然要选最好的学校。已经二十五岁的王安，突然就动起了申请入读哈佛研究院的念头。

　　没想到他碰到一个好机会！时值战争末期，好男儿都还在战场上，就算是哈佛那样平时挤破头才能进的名校，竟然靠着王安的一份交大成绩单，

第四章
无心插柳进哈佛

连封推荐信都没有，学校就接受了他的申请。多年后王安连呼幸运，因为那时确实是哈佛历史上仅有的生源不足的时候。

哈佛的应用物理系研究生课程对王安来说，简直是小菜一碟，轻而易举，跟他在桂林、重庆时绞尽脑汁，用各种能搞得到手的零散部件，设计拼凑出军用或民用仪器的难度，完全不是一个级别的。第一个学期，他就得了两个A+，两个A。1946年，他只用了两个学期就拿到了通常要念四个学期才能拿到的硕士学位。倒不是他特别愿意这么快就结束舒坦的校园生涯，可是他没钱了——民国政府那时已经结束了对公派留美人员一百美元一个月的资助，忙着打内战去了。

为了糊口，他先得找份工作。刚好他以前在中央无线电厂的上司找到他，说民国政府想在海外找一个稳妥的办事员。王安因为急需生活费，没多想就答应了这份差事，马上出发去加拿大首府渥太华，负责为民国政府采购各种设备。他先坐火车，再转汽车，到站后踏出车门，北国寒流扑面而来，王安打了个寒战，心里已经在后悔："天啊，太冷了！我怎么不留在美国找工做！"而这份执字办事的工作，民用的、军用的长长一份清单，他打电话，到处去看货查货，没有半点挑战性，既单调，又无聊。正值渥太华的严冬，王安独坐室内，室外的世界冷得像冰窟，孤单与寒冷直灌入心。他怀念江南故土的鱼米香，川菜火锅的热辣，也想念在波士顿和朋友们围炉喝酒聊天的温暖。再看着手里的那份清单，很明显是打仗用的各种物资。王安顿时心生厌烦，他从学生时代就讨厌政治，最不愿看到的就是打仗。而现在，还是中国人在打中国人！他心想，自己没事干吗要卷入这样的事务？

一个月后，他给哈佛物理系主任写信，说想回去读博士。对这么一个成绩优异的人才，校方当然欢迎，物理系不但同意他马上回校入读，还给他一

个助教名额，一年一千元！这么一点钱，比当年公费的一个月一百美金还少呢，要缴学费、房租水电饭钱等，林林总总，真的不大够用。不过能够重返校园，王安非常开心，在返回哈佛的路上，他暗暗地在心里发誓：全力以赴，尽快念完！

回到哈佛没几天，王安正在校园里走路，突然听到有人用上海话大喊："王安，王安！"回头一看，竟然是他的老朋友徐修惠。王安高兴极了，拥抱老友，心想哈佛真是好地方啊！他俩在上海高中和国立交通大学都是同学，现在竟然又三度同学念博士！两人都异常欢喜，他们甚至还是同事，是交大报名去桂林中央无线电厂参加抗战工作的八位同学之一。许多同期来到美国的中国技术员也开始念研究生，攻博士。因为他们的学业背景都差不多，又都特别能念书。

王安非常喜欢校园生活，在动荡的岁月里他总在校园里找到平安。父亲是个教书匠，他从小就感到亲近。中学、大学时，痴迷科技的他，常把学校的实验室当成第二个家。现在，能够在哈佛校园里继续深造，还有老同学新朋友，一切都让他身心愉快，劲头十足。教授们都是行业泰斗，两位教过他的教授，后来都获得了诺贝尔奖。

时年是1947年2月，王安住进七美金一周的宿舍，光房租就用了近四成的补贴。他省吃俭用，一边选读博士必修课，一边已经在思考博士论文的题目，并且开始做准备了。三个月后，他定下博士论文题目：《非线性的双频共振系统——微积分方程电子分析》。这是他一生中不多的，只做钻研却不管应用的研究项目之一。非线性，不确定性是必然的，为了这个项目他需要不断地在非线性体上观察、记录和处理不同频率带来的效果。刚开始几个月，实验做得很不顺利，他不停地遇到挫折，只好从头再来。

第四章
无心插柳进哈佛

他当时并不知道，做这些实验时需要的无比的耐心，会对他日后的创业大有帮助。在他的自传里，他半开玩笑地说："其实政治和商业，都是最极端的非线性系统。"

1948年，电脑业刚刚萌芽，学校里还没有专门的电脑系，哈佛大学当时是世界上一个极重要的电脑研发中心，早期的电脑研究都是最高级的军事机密，因为在战争末期，对高速计算能力的需求大增，特别是开发原子弹的复杂计算，大大加速了对电脑运算的需求。战时有关电脑的一切限制和保密，一直到二战全部结束后，才渐渐解密，并从纯粹军用慢慢转向民用。王安当时也只是选了几门数码电子版的课程，并没有特定的电脑课程。而正是那几门在当时堪称前卫的课程，对他日后的发明非常关键。

勤奋加上天资，王安从加拿大返回到波士顿才短短16个月，就毫无悬念地拿下了哈佛应用物理系的博士学位。一顶博士帽，一般人要辛辛苦苦念个四到五年才能戴上，王安却只用了四分之一的时间。如此能耐，按现在的话来说，他真是一个不折不扣的"学霸"！

当时全世界的大学都还没有设立计算机系，物理系应属当时最热门的专业。时年27岁的王安手执一个世界顶级大学的顶尖学位，踌躇满志，却全然没有料到，他正处在一个关键的、改变现代历史的伟大时代的前沿。

DR. AN WANG

惊世初创

　　一个典型的"Thinking out of Box"（盒子外思维）。正是这个"破坏后重建"的大胆的无所畏惧的想法，奠定了王安作为电脑先驱的位置；也在星光闪烁，天才辈出的现代电脑发展史上，牢牢地刻下了一个中国人的名字。

第五章
石破天惊的发明
DR. AN WANG

1948年,王安来美才仅仅三年半就博士毕业了,他抱着试试看的心态,给哈佛计算机实验室递交了一份工作申请。由于成绩优异,又有很好的推荐,很幸运,他受聘当上了研究员,成为当时世界上仅有的可接触到MARK系列最新大型电脑的少数成员之一。MARK最初由著名的IBM(国际商业机器公司)公司资助,后转由美国空军资助,设计师是美国电脑先驱艾肯博士,他在1943年研发的MARK I是美国史上第一台用电来控制的二进位电

▍陈列在哈佛大学科技大楼,最早期的大型电脑MARK I

脑，是一座混合了机械和电子操作的大型怪物，堪称一个划时代的产品。美国独步全球的辉煌电脑历史，就从这部轰轰作响，占满了整间房子的巨型机器开始。1948年王安加入的时候，艾肯和他的同事们已经在研发第四代的MARK了。

那一年的春天，王安上班第二天，艾肯老板就交给他一个看似简单却非常关键的任务：解决电脑资讯的储存问题。

在今天看来，这难题简直不值一哂：一片薄薄的晶片就能储存无数的图文音像信息。可是回到二十世纪四十年代，战争刚刚结束，电脑科学刚刚萌芽，全世界只有数台巨型电脑，基本上都是用在英美著名大学用作学术研究，必须经过冗长复杂的程序设计过程，才能作不同的运算。它们的记忆能力非常有限，远远未到商用或民用的水平。而研究人员遇到的每一个问题，全属根本性的难题，因为没有经验可供参考，没有前例可供沿用。

王安面临的难题是这样的：要用一种非机械操作的方式，记录和读出电脑里磁性储存的信息。

既然要非机械，王安马上就想到了用电。按照电磁通的方向，正为1，负为0。"1"的时候，信息存贮当然没问题，可到了"0"的时候，信息就会毁坏不见了。怎么办呢？

王安苦思冥想了好几周，尝试了多种不同方案，都没有找到从根本上解决难题的方法。

灵感，总是在猝不及防的时候到来，对当事人来说，这简直就是天赐的礼物。

王安自己，是这样描绘产生这个里程碑似的解决方案的过程的："有一天，当我正穿越哈佛校园之时，突然间一种奇妙的想法像闪电一样掠过我的

第五章
石破天惊的发明

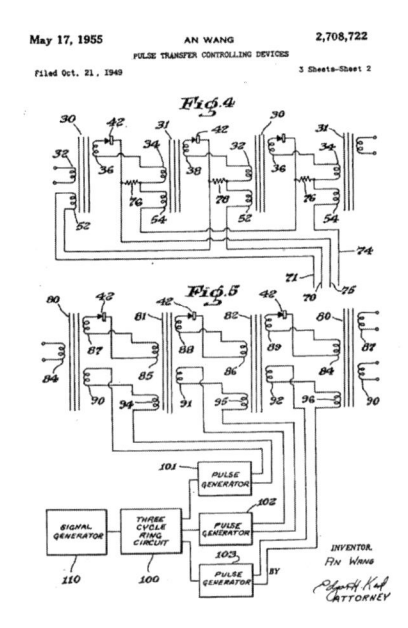

A Magnetic Core Delay Line or Shift Register Memory

■ 王安的磁芯记忆体专利文案页之一

脑海……就在那一瞬间,我理解到'破坏资讯'这个问题无关紧要,我只需在阅读之后重新写一遍就好了……因为磁通在几千分之一秒之内改变方向,我这样做绝对不会影响速度……这种'重写资讯'的构想,就是磁芯记忆体的主要特点。"

正所谓英雄出少年,初生牛犊不怕虎,王安在电光火石间解决了一个困扰前辈多年的大问题。这是一个典型的"Thinking out of Box"(盒子外思维)的例子,正是这个"破坏后重建"的大胆的无所畏惧的想法,奠定了王安作为电脑先驱的位置;也在星光闪烁,天才辈出的现代电脑发展史上,牢牢地刻下了一个中国人的名字。

或者在冥冥之中，在抗战时那些备受考验的日夜里，在那些殚精竭虑，从贫瘠中想到未来，从不可能磨练成可能的烽火岁月里，在王安的脑际，早就想到了毁坏后的重建，废墟里的重生。

如果王安当年没有想到这个点子，这个难题迟早也会被别的科研人员攻克。机会总是稍纵即逝，是为有准备的人而设的。王安的聪明、专注、努力和自信，让他在工作仅仅三周后，就脱颖而出，解决了困扰早期电脑发展的一个非常关键的问题。

财大气粗的 IBM 为了这个关键的发明，连年和赤贫无援的王安打官司，最后软硬兼施，低价买断了王安的磁芯发明专利。这难忘的最初一役，让王安见识了对手的强大，更在他好强的心里种下了复仇的种子，开始了他一生和 IBM 纠缠不休、互有输赢的恩怨故事。

老牌美国大公司 IBM 此后全力出击，为他们专属的电子产品一一扫清了道路，看准商机，在 50 年代开始转型，投入庞大资金人力对商用电脑加以全面开发。大型电脑从此告别校园，走向商用民用的广阔市场。

而王安，在得到业界的一致赞赏、老板的加薪升职后，却没有因为一个重大发明而沾沾自喜。当所有人都以为他要在顶尖学府哈佛大学大展拳脚时，他却做出了一个让世人大跌眼镜的人生决定。

■ 早期的电脑磁芯存储器

第六章
一人一桌始创业
DR. AN WANG

在哈佛计算机实验室的老板和同事眼里，王安是一个能干却沉默的中国人，他很少说话，带着浓浓中国口音的英语让他自己都觉得不好意思，能一句讲完绝不会再讲第二句。还好，一直以对手下严苛，随时引发火爆脾气著称的艾肯老板却出人意料地对王安很和气，从来没有疾言厉色地训过他，工作上对他更是信任，不断给他加码加薪。他甚至还请王安喝过一次酒：那是王安一生里喝过的第一杯洋酒，他觉着味道很怪，硬着头皮在老板面前把它喝了下去。

谁也猜不到王安这个精明的上海人心里的小九九。所以当王安决定为他自己的磁芯发明申请个人专利时，所有的同事都相当震惊，谁也不知道老板会作何强烈反应。艾肯把一生心血都花在那几部 MARK 机上，却没有要求个人回报，他觉得电脑的发展应当由政府来推动，成就也属于政府，而不是私人，资源也应该是共享的。王安寻求个人的技术专利，无疑是与老板的工作理念背道而驰。艾肯会不会非常生气，一脚踢走他呢？

在向老板摊牌的前一天晚上，王安辗转反侧睡不着觉。他在轰轰战火中也可以安心大睡，反而那晚思潮难平。他不觉得保护自己的独特发明有

什么错，也不觉得艾肯老板高贵奉献的想法有任何错，他只是吃不准对方会如何反应，他又该如何应对。最糟糕的结局当然是被一脚踢走，而且禁止他的专利申请——虽然在他的雇用合约里，没有任何条款反对他这样做。

第二天，在跟老板谈了想法后，出乎所有人的预料，艾肯什么也没说。很快，王安的工资再次获大幅上调，而且不再试用，成为哈佛实验室的正式员工。很显然，艾肯怕他走，不舍得他这个人才。

王安如释重负，大大松了口气，于是不敢大意，加紧了专利申请的步伐，也更卖力地在 MARK IV 上工作。

紧张工作之余，他唯一的娱乐就是参加中国人的聚会。40 年代末，他们那批抗战后期赴美的"老中"，多数人还滞留美国，在念书，或者在大公司大机构里工作，都心急地等待内战的最后结果。他们偶尔聚会，分析国内时局，打牌打麻将，玩桥牌，天南地北地聊天，也会跳跳交谊舞，热闹热闹。1948 年，内战的结局渐渐变得明朗，国民党的形势越来越不妙。他们这一批人又都是民国政府当年公派出国的，回不回国？何时回国？两派激辩，又成了他们聚会时的一个重要话题。

"我看无论是谁打赢了，我们还是回去吧，怎样说我们都是当年公派出来的啊。还欠政府两千美金呢。"有人摇着酒杯，叹着气说。

马上有人大声反对："我们不欠谁的！当年卖命工作，我们拿到钱了吗？再说了哪里有两千块？反正我就没有，刚来就断了米了……最多就两百块！"周围一阵哄笑。

"问题是，这不再是原来的政府了。我们回去，还能得到重用么？会不会当我们是国民党特务，都给抓起来啊？"这才是真正让众人忧心忡忡的关键问题。他们确实和民国政府有着千丝万缕的关系，实际上，多多少少，

第六章
一人一桌始创业

都曾经在"系统"里面工作过。

抗战那么艰苦的生死关头都熬过来了,连命都是捡回来的,谁还真的在乎什么荣华富贵?好好地一家人平安活着就好。可是好不容易练就的一身专业本领,如果得不到重用,怎么说也是不甘心。然而,大洋那边,总还有他们放心不下的家人啊!

于是七嘴八舌,又争论起来。这样的争论一旦开始,就往往持续到深夜,口干舌燥,却谁都没有答案,也没有结论。

王安本来也很关心时事,后来却不大参加这些辩论了,因为他发现了更吸引他的新目标!在一次的聚会里,一位名为邱文蔼的漂亮姑娘的出现,艳惊四座,惹得没成家的单身汉们纷纷打听。爱情之箭也同样射中了这个一心扑在工作上的工程师王安,他对她一见钟情!

他在她的甜笑里沉沦,白天与黑夜只想她的美丽,她的高雅,她的笑容。而她,也深受王安出众才华的吸引,而且都是上海人,一开始就很谈得来,真有点千里姻缘一线牵的感觉。

文蔼出生于1920年,和王安同年生,是一个出身名门的大家闺秀。她家和第一位留美学生容闳(中国第一批留美幼童的推手)是亲戚。她的父母出生在夏威夷,那片世外桃源当时是独立王国,尚未成为美国的第五十州。孙中山先生早在1894年,在夏威夷檀香山成立兴中会,倡导革命,推翻清朝的腐败统治,建立民主新中国。当时在国内谁都觉得他是痴人说梦,还给他起了个外号——孙大炮(在粤语里,"放大炮"是讲大话的意思),可是给予他最初最坚定支持的,恰恰就是来自备受歧视,却心系故国的海外华人。容闳比孙中山早出洋几十年,他们不是同辈人,却同是广东香山县人,强国之心也是同样强烈而且坚定。容闳在80岁高龄时,尽管因为长期被通

▍在上海时的邱文霭

缉不能回国,却一直暗中热情帮助孙中山筹款起义,也终于在他多彩生命里的最后一年,如愿看到了中华民国的诞生。

世纪之交之时的夏威夷,来自广东一带的侨民很多,或务农或经商,用在家乡时练就的农田技术本领,种植水果菜蔬,往返两地,艰苦谋生。他们受到三民主义的激励,不少乡里追随孙先生的脚步,回国参加革命。文霭的父母就是在这种情形下回国,成家,后来在上海生下文霭的。

文霭在上海长大,自小品学兼优,长大后更出落得优雅大方,美丽出众。她喜爱西方文学,中学念的是上海著名的中西女中。中西女中由美国基督教卫理公会在1892年创办,很快就成为上海一带最出名的名媛高中,求学的多是上海人家的富家女子,出名的校友包括宋家三姐妹、龚澎、张爱玲等。

高中毕业后,喜欢文学的文霭考入有"东方哈佛"之称的上海圣约翰大学,继续深造。未几,抗战爆发,幸好圣约翰大学在租界内,未受到炮火

第六章
一人一桌始创业

的毁灭性影响。文霭在1942年大学毕业,在毕业典礼现场,她惊奇地看到中西女中的校长薛正,持着一枝鲜花出现在她面前。

"亲爱的文霭,"校长高兴地拉着她的手,"祝贺侬大学毕业,真是太好了!回到中西女中来吧,我们需要侬!"文霭看着校长疲惫的面容,很是不解:"出什么事体了?学校不是有很多体体面面,又蛮会教书的外文教师么?"薛校长叹气道:"唉,这时局乱得,真是今天不知明天事!现在英美都参战了,外文教师一个接一个地走啦,有的回老家,有的直接就上了前线,都走得七七八八啦!老派的美国校董又在添乱,说什么上海现在打仗,太危险了,鞭长莫及,干脆把学校给关了算了。他们人在美国呀,可是连炮火星子都没挨着的,倒比我们更怕死了?真是说得轻巧,办了这么久的学校怎么可以说关就关呢?孩子们都还住在学校里,正在上的课也不能停啊,我这当校长的,哪里有面子向全国的家长们交待?……反正都乱成这样了,我也是豁出去了,这些天,一醒来就办两件事:一是找有名望的中国人顶替当校董,说什么也不能让学校关门的!二是找好学生回来教书,外文课也不能停的……唉,不说了,你能回来帮帮学校么?"

文霭眼眶湿润了,上海那么混乱那么危险,本来她也计划好了的,一毕业就回美国念硕士,可是现在国难当头,母校危急,校长犯难,她本人又喜欢教书,能帮就帮吧!于是咬咬牙点着头应承道:"好的,我马上就搬到学校去,校长放心,我会一直干到其他教师们回来的那天!"两人于是相拥擦泪,匆匆而别。

文霭泪别担忧的父母,一个人提着简单的行李住进学校。面对各种的困难和未知,她认真地日日上课。可是那样的教书生活也很不安稳,1943年,日军看中了学校周边安静典雅的环境,竟强行下令,要全部霸占中西女中校

舍，作为他们的陆军第二医院。薛校长六次愤起交涉，奈何日方强势蛮横，谈判未能成功，学校因此被迫觅地迁徙。文霭随校迁移，尽心教课之余，还要负责班里孩子们在新环境里的安全和生活。她自己也比学生大不了几岁，单身女子，处处要躲着鬼子，在乱世里自尊自立，一边又牵挂着父母姐妹的安全，心里有苦说不出，只好埋首书堆，努力教课，艰难度日，过得一天是一天。

好不容易挨到抗战胜利，1946年，文霭作为特招生，辗转回到美国，在波士顿郊区有名的卫斯理女子学院攻读英国文学硕士，着重研究莎士比亚的著作。两年后，文霭硕士毕业了，因为成绩优异，得以留在卫斯理大学部当助教，教授英国文学。她之前一直专注学业，现在工作稳定，她在美国的姐妹、在中国的父母又一直催："你都老大不小啦，还成天躲在女子学校里待着有什么劲？什么年轻男子都见不到。你要多出去，挑个稳重可靠的人，把自己给嫁了……"文霭生活一向自立，倒不太急着出嫁，但是学业已完成，又搬出了学生宿舍，时间倒是多了出来，一个人也难免有些寂寞。于是在一个晴朗夏日的周末，她接受邀请，去参加上海留学生在剑桥市举办的周末聚会。

刚一进屋，正在一起热烈谈论国内政事的几个中国留学生，见到有美人出现，眼睛都亮了，他们丢下正在热议的话题，纷纷围到文霭身边搭话。

"侬第一次来？"

"这是刚刚调好的鸡尾酒，来一杯试试？"

"一起跳支华尔兹舞？阿拉舞步还可以的，上大学那时还挂名舞场王子呢……"话音未落，旁边有人马上大笑否决道："他是吹牛王子才对！"

文霭被逗得笑个不停，看着几位大男人忙着互相介绍，吹捧，挖苦，七

第六章
一人一桌始创业

嘴八舌地围着她,聊得很开心。

她这时注意到站在边上的王安。这个年轻人真沉静,个子不高,双目有神,可怎么不说话?她忍不住好奇,问王安:"你呢,在哪里高就?"

"哈佛大学。"王安笑了,开心他终于也可以和美人聊天,好像回到了好久以前的快乐学生时光。他的个性其实一点都不沉闷,好玩的事样样都喜欢,和相熟的人在一起,聊起天来也可以讲个没完,玩桥牌打乒乓球,也可以玩整个通宵。只是那样的好友实在不多,所以平时他的话就特别少。

文霨是个开朗明快的人,虽然一直都在研究莎士比亚,又备受抗战的战火考验,却没有染上诗人文人的沉郁。她爱笑,爱读书,爱交朋友,爱一切美好的事物。很快,王安对她无话不说,两个人越来越亲密,简直都分不开了。随着交往的加深,她还很欣喜地发现,对方虽然是年少有为的青年才俊,为人却很沉稳真诚,不虚不浮,对她非常尊重,事事都愿和她坦诚商量,而且言出必行。这让离家多年的她,很有安全感。

才子佳人,又拥有共同的上海回忆、战时苦楚、中美两国颠沛流离的往事,他俩相见恨晚,在一起轻言浅语,总有着说不完的话。仿佛长久的漂泊终于遇到陆地,双方都感到找到了一个温暖的港湾。王安每天上班干活,晚上却常和文霨打电话聊天,直到深夜一两点,第二天早起,却丝毫不见疲态,他精神奕奕,神采飞扬。

如此神魂颠倒地过了几个月。有一天,王安留了心思,用好不容易存下来的几百块钱,买好一只戒指,放到西装口袋里,然后装作若无其事地跟文霨打电话:"咱们明天去海边逛逛,顺便吃个晚饭,怎样?"文霨很高兴地回答:"好啊,我明天要去培训,刚好在城里呢。"

在临海的海鲜小档里,他俩点了两碗玉米汤,几只熟蟹腿,一份分量好

大的意大利肉酱面，新烘的面包和英式红茶。两个人吃蟹的习惯跟还在上海时一样，他们用竹签把蟹肉细细地挖出来，慢慢地享用，一边吃，一边看着对方眼里的笑意，感到温暖极了。

时值深秋，落叶成毯，在微凉的晚风里，他俩手牵着手，一路漫步到临海的小径。看夕阳西沉，海湾归帆，在流淌的波光里，映出一幅亘古的美景。

"这边的风景真美啊！"文霭拉紧衣领，忍不住对着彩色的海天赞叹。

王安停下脚步，难得地激动了，他掏出戒指，紧张得都要冒汗了。"侬嫁给我吧！一起建立一个家！"

文霭低头一看，感动得双眼潮湿，根本没有料到不善浪漫的王安会来这一手。"真没想到你也会这些，"她伸出手指，让他把戒指戴到她的手上，一边哽咽道，"好的，我答应你，我会努力做一个好太太的……"

"不要看不起理科生啊，阿拉虽然不念莎士比亚，美国电影可没少看……对不起侬，钱没存够，买不起钻石戒指，又没法子回老家翻箱子找家传首饰……阿拉都老大不小了，不想再等了，天气一暖和我们就结婚吧！这只白金戒指很薄的，委屈侬了……"王安心情激动，东一句西一句的，不确定她会不会觉得是委屈下嫁了，因为自己一向清贫，确实没有几个钱，也从来不在意有钱人家的玩意和喜好。文霭出身高贵，见多识广，倒是比他懂得多得多。

"这只白金戒指我喜欢的！新娘子传统不都是戴金的吗？刚好的呀。"她浅笑安慰道。怕他再花钱，她又赶紧说："婚礼的事由我来办吧，我妹妹可以帮我看场地，租婚纱什么的。"其实，文霭在美国的亲戚很多，虽然分散在各州，但大都发展得不错。从中国到美国的这些年，陆陆续续地，她也有不少的追求者，有的还是颇有钱的小开。而她却只愿意嫁给穷小子王安。

第六章
一人一桌始创业

1949年，王安和邱文霭在波士顿成婚

十指交缠，笑容相合。在他们刚刚携手开始奋斗的愿景里，世间唯有真情，唯有同甘共苦的决心，唯有共度此生的默契！

古语有云，三十而立！1949年，虚岁三十的王安在波士顿结婚，如愿娶得美人归。他多么希望早逝的父母、姐姐，能在此刻分享他成家的喜悦。多年独自漂泊之后，他终于又有了家，不再是一人吃饱全家不饿。责任心让他工作得更起劲，人快乐了，连带话也变多了，逢事都喜欢和太太商量，包括申请专利，包括他层出不穷的发明点子，当然也请她修饰自己不尽完美的英文说词……而她也尽心帮忙，成为他真正的贤内助。两人说好，一旦有了孩子，文霭就辞职，回家当全职妈妈。

于是怀着美好的愿望，新婚燕尔后他们去近郊找房子，想着能离上班的地方近点，又有一定的空间，为以后有孩子做准备。王安当时在哈佛当研究员，年薪有五千四百元，算是不错的中产收入，租个房应该挺容易。

美丽的查尔斯河两岸，一边是高校云集的剑桥市，另一边是古雅秀丽的波士顿市。这里有全美最早的城市地铁，交通极为方便。房子以老式木屋居多，维多利亚式的结构，小房间一间连一间的，间隔奇特、别致，还有漂亮的海湾式红砖排屋，冬暖夏凉，门窗高大，坚固结实，多在富人区，价钱要贵得多。好不容易，他们看中了一间离波士顿城区不太远的砖房，觉得价钱公道，地点不错，还够大，可以腾出一间小房当婴儿房。于是高兴地敲开了房主的门，准备下订金。

屋主开了门，上下看了他俩一眼："是你们要租这间房子？"

"是的，我们看到了您贴在窗口的广告，也进去看了看，房子非常好，我们挺喜欢的。"文蔼微笑作答，她的英文是标准的美国口音，又长期当过英文教师，出身大家闺秀，温柔漂亮，举止文雅得体。

"你们是中国人？"屋主再问。

"是的。"王安答。这没什么可隐瞒的。

屋主转身，干巴巴地说："对不起，我不租了。"

文蔼大感奇怪，这人怎么说变就变？还想多说两句争取一下，敏感的王安把她拉了出来。"算了，这种地方住下了也不会愉快的，我们再找找吧！"

他们站在街角，看到后面有另一对白人夫妇进去，再欢天喜地地出来，成交了。

是的，这就是现实，屋主可以选择他喜欢的人。他不喜欢租给中国人，这个无可厚非，虽然这令王安和文蔼心里相当难受。

第六章
一人一桌始创业

在那个街角,在落日的余晖里,王安在心里对自己说:我,一定要做得更好!

在那个年月遇到那样的事,多数人可能会自认倒霉,摇摇头也就过去了。可是这次亲身经历,反倒激发了王安的斗志:我王安不比任何人差!在他从小到大的奋斗里,在太平日子里一贯的勤勉,在枪林弹雨中不变的坚持,他从没想过要向强手示弱,对命运屈服。而现在,面对所有的不公和忽视,他还是习惯了挺直腰杆,不卑不亢。

新婚才过了一年,在所有人目瞪口呆的反应里,王安辞掉了哈佛计算机实验室的金饭碗,一人一桌,下海创业。

第七章
天生我材必有用
DR. AN WANG

　　1945 年，王安刚到美国时，还没有入读哈佛，那时第一次的工作面试，他满怀希望却没能成功，能力还被小看了。那滋味，他无法忘记。

　　是的，他就是一个体格瘦小，貌不惊人，而且有浓重口音的中国人。那是他无法改变的出身。从小学一年级（事实上，上的是三年级）读书开始，他就一直在以貌取人、以大欺小、以强凌弱的环境中奋斗，而且最后都获得了成功。而现在，即使换了个国度，换了个语言环境，现实的艰难，际遇的不公，却没有什么不同。年轻的他仍然有信心，通过自身的智慧和努力，改变身处的劣势。

　　很小的时候，从老祖母殷殷教导的诗文里，从读书时无尽的书页和思考里，他就深深为身为中国人而骄傲。所谓行不改姓，坐不改名，当中国人没有什么可羞耻的，尤其是她有着千年文化的沉淀，原野山川的博大，勤勉乐天的民众。王安从来就不喜欢政治，只对科技着迷，恨不得一天到晚就在实验室里捣弄仪器，思考创新。可是，形势从来就不会因他个人的喜好，或者愿望而改变。在国内，他无法在战争里维持一个平安的家，无法在炮火中挽回双亲的生命；在国外，他无法改变恼人的种族歧视，或者让文霭住进她喜

第七章
天生我材必有用

欢的那一间公寓。

可是，他可以做得到的，就是证明自己——能力，智慧，信念，与肤色无关，与种族无关，与来路无关。

突然间，他觉得自己无论在中国，还是在美国，其实都不要紧。在时代的洪流里，对抗无奈的现实，有太多是他无法改变的，而独善其身，做好自己，却是在哪个国家，哪个时代，都可以做得到的。

"水深过头，如果你不能畅泳，就要沉没。"父亲的话，从童年时就一直伴随他的成长。他确实也努力做到了：从小学时的昆山，中学、大学时的上海，到硕士、博士时的波士顿；从战火中备受磨练的工程师，到和平年代科技前沿的电脑研究员。

在独自深思的暗夜里，恍惚间，他好像又看到了严父慈母，看到了温柔的姐姐，他们关切而鼓励的目光，遥遥地，在东方的天空隐现。回到儿时，祖母拉起他的小手，惇惇道："安儿长大了，要做个有用的人哦……"

决定了！没有更多的犹豫，他决定去走这条不同寻常的创业之路。他要向外界证明，像他这样的中国人，也可以开公司，可以做科技产品，可以扩张。除了开餐馆和洗衣店，中国人还可以做点别的事。美国人做得到，中国人同样也可以！

在今天，这样的选择稀疏平常，不是常有哈佛学生连书都不读就去创业了吗？

可是，时为1951年，美国还没有风险投资家，没有高科技产业，没有硅谷，甚至还没有第一台商业电脑的诞生。下海单干的选择，非常不寻常。

王安面对的，是《排华法案》刚刚废除不久的年代，是华人从商只开餐馆和洗衣店的现实。能当上大学教授或在大机构上班，是当年华裔知识分

王安在林肯镇的邻居李诗颖教授夫妇（时年98岁高龄）

子纷纷追求的最高目标。

1942年赴美留学的清华学子李诗颖，后来成了王安一家在林肯镇多年的邻居和老朋友。李教授的经历比较顺利，因为那时美国卷入"二战"，上大学的人很少，奖学金很多，他就选择了名望最好，学费最贵的MIT。MIT给他每年六百美金的助学费，还有每个月四十元的生活费。他省吃俭用，一个人用足够了。他一直在MIT土木工程系念完博士，工作几年后，又回到MIT，一边做实验一边当教授，工作稳定，薪水高，又时有发明创新，还很受各方人士尊重。他是当时华人学子们纷纷羡慕的对象。

相反，王安面对的，是不确定的未来，孤立无援的财政状况，狐疑嘲笑

第七章
天生我材必有用

的目光，等着看笑话的朋友们，等着他后悔回头的同事们。当然，他还要动用自己仅有的六百元存款，来预付南波士顿（一个比较便宜的区域）哥伦布大道的一间小办公室每个月七十元的租金。他又买了一台电话，一张桌子，一张椅子。满打满算，手里的六百元只能撑六个月，而家里还有老婆孩子要养。

所有的中国朋友们都反对他辞职下海单干，原因各种各样。

"哈佛研究院是多么难得的好工作啊，老板对你又不错，再干上个三五年的，你就能当上头头啦。"一直仰慕哈佛盛名的老同学大摇其头，很不以为然，觉得王安这样丢西瓜捡芝麻的选择，简直是不可思议。

"是啊，王安你就知足吧。"一位姓余的同学大声应和，他刚好是王安的交大室友，同期赴美的，"你看，我的老板就差劲多了，无论我干得多好，我都不会指望他会给我升职，给我安排好的差事做。那老头就连租个房都不肯给我开个证明，现在我是买不到房又租不到房，简直都待不下去了……看看你，哈佛对你多好啊！"

"哈佛倒也没什么，"另一位朋友接过话头，"现在MIT的电脑研究比哈佛更加积极厉害。问题是你这样子做，说白了就是转行，去做生意啊。先别说丢了专业有多可惜，就凭你一介文人，以前从未做过买卖的，你爸爸和你爷爷那代也都没做过，你还把生意做到美国这里来？这风险你想过没？大得很啊！"

其他人跟着点头。"老实说，你看看周围的中国人，做生意成功的，都是提供这样那样的服务，做吃的，卖货的，洗衣服的，这样子才能有固定的客户，才有固定的收入。你能提供什么服务呢？顾客又在哪儿呢？"

这个问题有点尖锐，把王安问住了。

王安的朋友们多是同期赴美的"老中"，现在有一半人回国了，剩下的，也都在大机构里工作，平日没事，或者逢年过节，都喜欢轮流做东，在家里聚一聚，男的喝酒聊天打牌，太太们打麻将聊天。

王安听到朋友们这些担忧的话，也只是笑笑，并不是特别在意。他最在乎的是文霭的意见，因为这个选择，毕竟关乎小家庭的开支和日后的生活。

"我当然支持你！"文霭没有多少犹豫，"从你申请专利的时候开始，我就知道你要走一条与众不同的路，而且很有信心要做成功。"

"可是，也有一半可能会不成功。"王安很老实地答。

"那就回头重新找工作好了。"她语带轻松地说，"实在不行，我出去当中学教师吧，考个教师证书，教教高中英文，我想还是可以的。教大学要有博士学位，我还不够资格，还要多啃几年维多利亚时代的文学，过了答辩才行的。"

王安笑了："别想那么多了，还是先想想孩子谁来带吧。难道是我？那我宁可去打两份工，孩子还是归你管吧。"

说笑之间，他的决心已定。有了贤妻的全力支持，就算所有的朋友都反对，又有什么关系呢。

在这种无人喝彩，自我鼓劲的情形下，他把公司命名为"王安实验室"（Wang Laboratories）就一点都不奇怪了。他拥有的只有他自己，他想向外界证明的无非也是自己：都不看好是吧，我就是要做给你们看看！

在自传里，他自己说："我实在想不出别的更合适的名字了，这家公司代表的无非就是我自己……我在'实验室'后加了复数，因为我觉得公司

第七章
天生我材必有用

以后一定会扩张……我想证明一下,中国人除了开餐馆和洗衣店,还可以做点别的事。"

还真不愧是先驱,比起后来一窝蜂似的科技创业热潮,王安足足提早了半个世纪!

1951 年 6 月 30 日,王安来到美国刚过六年,王安公司无声无息地开张营业。没有公告,没有剪彩,没有鞭炮,没有掌声,没有贵宾,没有客户。王安开着他的旧别克车,从家里来到只有他一个人、一张椅、一张桌、一台电话的不到二十平方米的办公室,翻着从哈佛图书馆借来的一本全美实验室目录,琢磨着这第一通电话,应该打到哪里去。

第八章

一个王朝的艰难起步
DR. AN WANG

王安决定创业，不甘心被看不起是最重要的一半理由，另一半的理由，则是实实在在地赚钱，养家糊口。他很快地在脑海里过了一遍最简单的算术题：

哈佛年薪 =6000 美元

一个存储磁芯卖价 =4 美元

每年要卖 6000÷4=1500（个）

每月要卖 1500÷12=125（个）

也就是说，如果他能够每年卖出 1500 个磁芯，就和他的哈佛薪水打个平手，多卖就会多得。他分析，新兴的电脑市场应该足够大，对记忆体的需求量只会增加不会减少。而对自己发明的产品，他很有信心！他在哈佛的存储磁芯发明，让他电脑天才的声名在外，客户如果付费找他咨询，那又将会是一笔收入。

退一万步说，如果六个月都没有订单来，把钱都花光了（那会是很不光彩的一刻吧！），实在不行就重新回去找工呗。我王安难道还找不到一份 6 000 元年薪的工作？最多就是输掉了面子，被老同学们挖苦大笑一通罢了。那

第八章
一个王朝的艰难起步

也没啥大不了的,我王安能屈能伸!

还有一个理由,他甚至对太太也不敢讲太多的。因为他本身就特别喜欢玩电机。这个兴趣从中学时就开始了,后来总是因为忙学业、工作,没法好好沉迷其中。现在好了,自己开店,自己设计新玩意,想怎样玩就怎样玩,真高兴!所以即使赚钱养家的压力是有,能够做自己喜欢的事,他内心却是非常兴奋快乐。

创业,当时在旁人看来是一拍脑袋的发烧想法,对王安来说却是经过缜密计算和思考的冒险。江南才子王安一向自信精明,自主自立,又敢于大胆尝试,因此总有层出不穷的想法和做法,在别人眼中不可思议,在他自己看来倒是特别自然而且应当。

一切准备就绪,初入商场,王安也没啥高招,只有老老实实地对着黄页按图索骥,打推销电话,没人听电话时就按地址寄一份宣传单。他的英文这时流利了许多,虽然还是有口音,但对答推销什么的全无问题,现在更有了一份对自己产品的笃定自信!由于早先做磁芯研究时和一些大学搭得上线,他就先联系大学。这些招数都不能马上见效,他开始琢磨:要不要弄一个小巧的又有实用性的电子仪器去展览会参展?于是他一有空就鼓捣新设计,另外还花工夫和时间绕线做磁芯,忙得不可开交。

他全部的存款,最多只能撑个小半年,订单又在天上飞,完全不知道啥时才落下来。这样子才过了两周,王安每天垂着头空着手回家,见到老婆孩子的笑脸,便会感到紧张,心里打鼓。为了养家、养公司,他就真的早出晚归,开始打两份工。白天忙公司的事,晚上在波士顿的东北大学教授一门电子工程课程,每堂课的收入是十二美元。他处处省着用钱,可是再精明也着了道儿:在公司附近的停车场,本来是按月付费的,有个工作人员跟他说:"你

■ 创业初期的王家三口

提前付满三个月的现钱吧,停车费特别优惠,可以减半。"这么好的事儿怎能错过?王安想都没想就付了三个月的钱。谁知那个停车场员工,用同样的说法骗了许多老实人的现金后,就卷款潜逃了!王安心里直叫苦:这么明显的低智商骗术,我竟然也会上当!

　　白手创业,捉襟见肘!到了第三个礼拜,王安终于收到了第一份订单,买一个磁芯。他太高兴了!王安做一个磁芯,也就是一个字节(byte)就能卖4美金。现在储存几亿个字节的存储芯片也差不多那个价,技术更新发展之快真是不可思议。后来,连王安自己都忍不住笑自己:"价格可说是高得可以。"

　　开业最初那两个月,只要一天能卖掉四个磁芯,就算是按额完成了任

第八章
一个王朝的艰难起步

务,就是一个值得庆祝的大日子。王安会兴高采烈地回家,一边噔噔噔上楼,一边跟文蔼大声嚷嚷:"咱们今天接了四个磁芯的订单!"

四个磁芯,十六美金,可以给儿子买个玩具啦!

王安的儿子王烈才十一个月大,小小的人儿爱玩爱爬,紧挨着台脚站起,含着手指四处观察。看到父亲进来,他开开心心地向前迈开了一小步,咚地往前一跤跌倒。

王安看到儿子这珍贵的第一步,深有感触。怜爱地上前把他抱起:"好儿子,咱们这第一步,都不容易,但总算是迈出了呀。"

儿子在父亲的怀里,咿咿呀呀地笑。

王氏开业的第一个月就收到了好几张订单,虽然都是小单子,奶粉钱都远远不够,多数还得靠王安每周授课的钱来养家,可是却给了他最珍贵的自信心。万事起头难,有了这最初的鼓励,他就深信可以干下去,自力更生闯出一条路。

磁芯的制作既费时又费工,真的属于小本经营。几个月后,因为自己常常要在外跑业务,王安请了公司的第一个员工:一个在邻近波士顿大学念广告系的学生鲍伯。这个时薪五毛钱的小伙子身兼数职:前台接待、电话兜售、绕磁芯电线、参加商展……王安在哈佛做项目时,顾客之一是美国空军,他于是顺藤摸瓜,到空军技术部门谈项目。有来就有往,于是常有衣装笔挺的空军大员去那小小的办公室找王安谈生意。老板不在,小伙子震惊之余,只好端上咖啡,抖擞精神,用自己博览群书的一点薄底,海阔天空地和他们瞎聊。鲍伯还真的利用自己的广告专业知识,抽空设计了公司的第一个商标:一个状似方向盘却有飞翔感的W,这个商标一直沿用了二十年。王安后来开玩笑说:"这个手巧能干的小伙子,倒是给公司省了一大笔的商标设计费用。"

▌二十世纪五十年代，王安公司的第一个商标logo

　　王安很务实，即使脑子里装着很多的新产品主意，又喜欢鼓捣，想方设法把这些想法变成现实，但是如果做出来的东西太前卫，太小众，他玩一玩也就先放下了，不会按着自己的兴趣一意孤行。他正在养家糊口呢，任着性子玩，却不能卖钱的产品只好先放一放。因此从开业伊始，他就很注意把客户和市场的需要放到第一位，做出来的产品，拿出来的方案，往往简洁实用，又贴近用户。这些特点，后来成为王氏产品脱颖而出的关键。

第九章
以卵击石第一役
DR. AN WANG

刚刚乐滋滋地当上个体户小老板的王安，很快就发现，他之前见识过的街头骗术，和他现在面临的老辣对手相比，全都是小儿科。

是的，他现在正在以个人身份，跟大名鼎鼎的商业公司 IBM 打官司。一个人独斗一家大公司！

刚到美国的时候，王安和所有人一样，对商业巨擘 IBM 心怀崇敬，高山仰止，有心想在那儿工作，学习最新技术。可是不知是他的口音呢还是别的什么原因，他在实习期间没被 IBM 录取。

之后他入哈佛，发明记忆磁芯，创业，一步一步自己走。他对 IBM 的仰慕之心不变，在准备创业之前，他还给 IBM 写过信，问他们是否对购买磁芯专利感兴趣，IBM 回信问及专利申请详情，王安很老实地寄了一份完整的过去。那是 1951 年，那时谁也不知道这个电脑磁芯，会成为未来 IBM 电脑的重要部件之一，一直用到 1970 年。

说起专利申请，这又是王安特立独行的决定。当年在美国的学者华人，能够有份稳定工作就很开心了，可是王安剑走偏锋，活学活用，居然一举把自己在工作中的发明申请专利，这件事本身就饱受争议。而幸运的是，这

回，他误打误撞，居然碰到了贵人。他刚开始申请磁芯专利时，还在哈佛实验室工作，半点不懂复杂的美国技术专利法律，更没钱请大律师，他的专利案子几经转手，最后落到刚出校门的一个新手律师马霆手上。

马霆敏锐聪明，刚刚当上律师，特别有冲劲，初生牛犊不怕虎。他念法学院之前，在大学主修的是科学，概念清晰，预感到磁芯这个新技术会很重要，尽管他自己也不大清楚该如何划范畴。仔细想过又做足调研之后，他俩决定把磁芯专利涉及的圈子画大，路子铺广，从思路到计算，从概念到应用，林林总总，反正一股脑儿全申报了，能不能获得批准那就看运气了。当时世界上只有区区几台电脑，马霆如此专业又够义气，真的是帮了王安一个天大的忙。两人的友谊也从初见面聊得投机开始，持续了王安长长的一生。

也许是因为这项技术太新，没有前例可循，专利局求证无门，否决无据，也就同意了大部分的申请。当然争议也很大，为此不高兴的人和机构也很多，包括哈佛大学本身。磁芯申请专利之后，哈佛大学马上决定，以后凡是学校实验室做出来的产品和技术，专利权应属哈佛大学。有关磁芯专利的官司陆续到来，王安也花了前前后后近十年的时间，才把反对他的或大或小的专利诉讼一一处理好。

同一时期，IBM 一边不断写信套问王博士专利申请的详情，一边在自己的研发部门加紧研发，一心想绕开这个专利。双方同意王博士以一个月一千美金的价位，为 IBM 提供计算器咨询服务，并同意 IBM 在三年内可以买下非独家的王氏磁芯专利使用权。

那是 1953 年前后的事，王安还在小本经营，还蛮感谢 IBM 这每月一千元的稳定收入，让他的小公司可以运行维持。事实上，IBM 根本就不需要他的咨询服务，只是需要时间去开发 IBM 自己的存储系统，同时又有王博

第九章
以卵击石第一役

士在旁守候以备需要，于是安排了这个项目让他去忙。同期，IBM 和另一位关键的电脑先驱，MIT 教授费罗斯特（他的跟进发明完善了王安的磁芯发明）领导的 MIT 团队，一起开发第一个重要的美国领空电子防卫系统：Project SAGE（先贤计划）。IBM 投入几百人力（后来几千）在做这个项目，越做越深入，对电子电脑新技术的兴趣也是越来越浓厚，越来越自信！

军事之外，商用电脑发展前途无量。IBM 决定加快步伐，利用自身优势，全面转向生产商业电脑。到了 1955 年，与王安的三年合约眼看就要到期，IBM 发现无论用什么法子，都无法绕开这个关键的磁芯技术，况且该专利覆盖的层面广且深，共有 34 个使用范畴，即使目前绕得开，日后也怕是后患无穷。

IBM 于是决定：改变策略，买断王安的磁芯专利。

1955 年，双方达成初步意向：IBM 用两百五十万美元的价格，把王氏的磁芯专利全部买下。

当年的 IBM 很是霸气，藐视一切，只手遮天。因为这笔款项在当时实属大额，IBM 当然想讲讲价，于是气场强大，无孔不入的 IBM 法律部门开始介入，大律师们从各个方向研究这个专利案子的漏洞和王安本身的弱点，开始全面进攻。

磁芯技术是王博士最早的独家发明，这是很确凿的，他们无法在这方面去做文章，于是瞄准了专利法的另一个关键的条款：在专利权批准的一年内，如果有第三方提出有嫌疑涉及冲突，专利局核实后，就有权推翻全部或部分的专利使用权。

IBM 找到所有曾和王安共事过的人，想从他们身上找到反证，可是没有收获，文案倒是越堆越高。忙碌了快一年，还有三个月就到法定截止期了，王安心想：花样百出的 IBM 也该歇着了吧。可是宛如晴天霹雳，几天后突然出现

了一个远在西岸洛杉矶的不认识的第三方，对王氏专利案提出涉入冲突异议。

这个突然出现的加州客，自称发明家，和一些大公司还有几个官司在纠缠。很明显，这个人是专门来坏事的，而且很熟悉这种做法。就算是王安这样初识美国专利法的外人，也能估摸出这里面的几分猫腻。

如果这个加州客真的跟专利局递交涉案所需的材料，王安就要跟他再打官司证明自己的清白。毫不奇怪地，IBM会用这个潜在案例做借口，大大压低买价，天天催着王安赶紧低价卖出专利给IBM，避免出血再和加州客打官司。

离专利局的法定截止日越来越近，神秘的加州客每一天都可能正式入案，挑战王氏专利。而王安，却连对方是何方神圣都还没来得及搞清楚。店大欺客的IBM，胸有成竹地把购买王安磁芯专利价格，从两百五十万，大幅降到区区五十万美金！

圈套啊圈套。王安在心里对自己说，对手明知自己无钱打官司，就用这样无赖的办法来压自己。他玩是玩得起，却是陪不起啊！

他不怕和加州客打官司去再次证明自己，即使对方来路不明，不怀好意，又与IBM有千丝万缕的关系。但是他要花大量的时间、金钱去应付。公司刚上轨道，他可不能分心太多，也没有现金去打旷日持久的新官司。

从1950年和IBM接触，到现在1956年已经在这个专利上耗了快七年。IBM仗势欺人，自己却是赤手空拳。技术发展一日千里，再这样耗下去，有意义么？

王安不停抽着烟，在斗室里踱步，未几停下脚步，对着三月仍然清冷的夜空深思。

人生很短，可做的事却很多。我王安，难道这辈子就只能发明磁芯这一样东西么？在现今这个世界，还有比IBM能更好利用这项磁芯技术的买家

第九章
以卵击石第一役

么？少了两百万，难道我以后就真的赚不回来了？是公司的前途重要，还是打赢这个专利官司重要？

想了又想，到天色微明时，王安已经拿定了主意。人生际遇，失意得意，取舍得失，总不能事事由人，却总要在自己选择的道路上，无怨无悔地走下去。

1956年3月，王安和IBM终于达成协议，IBM以五十万美元的现金，买断王氏磁芯专利。

从两百五十万的最初协议价格到最终拿到手的四十万（有十万因各种条款和费用扣掉），无疑王安输掉了这第一役的交锋。可是，他用这几十万，稳定了公司初期的发展，不用疲于奔命地去打第二份工，又不得不说这是他职业生涯里一次重要的转机。

后来，各种迹象显示，IBM极可能收买了那个神秘的加州客，在关键时刻成为压价的终极武器。王安听到，只是摇了摇头，对这种不择手段的做法毫不奇怪，却很是不以为然。因为IBM对待这项专利的霸道和阴损，王安对这家公司的崇拜之心大打折扣，反而以此为镜，鞭策自己。

有了王安的前车之鉴，后来的MIT教授费罗斯特把他的专利，以数千万美金的价钱卖给IBM。

不爱说话的王博士，就像之前每一次面对不公平的待遇一样，没有对这个消息发表任何意见。

内心的波涛只属于自己。他在心里给自己鼓劲：我，一定要做得更好！

而后，他开始随身带着一个小本子，上面密密麻麻地记录着王氏公司和IBM公司的各种对比数据，时时更新，常常参照，日日思考。IBM，一个级别够高的对手，也是一个鞭策成长的榜样。

只是当时他还不知道，此生与IBM的恩怨纠缠，其实才刚刚开篇。

第十章
十载光阴铸实力
DR. AN WANG

1954年,王安公司搬到剑桥市,他在MIT附近一栋残旧的工厂楼里租了140平方米的办公室,员工人数逐年增加,到1959年共十二人。在最初十年,在电脑磁芯的专利被IBM买断之后,王氏一直在做咨询业务,帮客户解决错综复杂的技术问题,兼做一些小打小闹的电子产品,虽然名气不大,技术研发能力和品质却一流,在小范围内很受专家和用户尊重。比如,他们跟美国空军合作,做了一个测试机场云层厚度的电子数据仪,测量数据的准确度非常高。又比如,他们帮体育界做的第一代户外电子记分板,能在大风雪、停电等各种极端条件下正常运作。在科学界,他们接到的项目是在显微镜下收集数据……尽管项目上天入地,五花八门,共通之处却是借助王氏在精算、电子仪器、技术分析等方面的实力,做出满意实用的应用品。

有早期客户这样评价王安:"王博士是一个有平行思维的思想家。一般人是在同一个时间想一件事,他却能够同时想三件事,所以当我想出一套方案时,他已经把A、B、C三套方案都同时想到了,然后说:这样和这样的组合是最好的。"他数学好,脑子快,又能急客户之所急,拿出来的方案往

第十章
十载光阴铸实力

往比客户想到的还要好,因此广受尊重,公司稳步发展。因为王安在第一个发明时尝到了专利保护的甜头,他很注意把每一项自己想到的创新都申请专利,十年下来,王安名下的发明单子越来越长,接手的项目范围也愈加广泛:太空、微生物、政府、体育界、商界……

王氏公司文化倒是单纯又简朴,员工们都埋头工作,加班加点是常事。有时忙不过来,连圣诞假都要取消,赶回公司处理客户的急需。没有八卦聊天的沃土,也没有复杂头疼的办公室政治,更没有种族歧视,工作干得好就升职加薪,不管你是哪族人,持什么学历,以前都干过些什么。因为老板王安本身就是个少数族群,工作狂,从不出去游玩,除了工作上的事,人挺闷的,工作外跟他也真没啥好聊的。王氏的员工们通常敬业而且积极,这和王安对人才的珍惜大有关系。他对手下没有任何框框,公司就是一个展现他们才华的大舞台。员工可以从一个岗位跳到另一个,不少干到副总级别的,刚进来时可能就是个助理或秘书。

与王安本属好友的银行家布鲁克却不觉得王安闷,"他那么聪明一个人,和他谈话相处怎么会闷?从一开始他就没把自己当少数族群看,行为举止更像是一个来自纯白人元老会的精英,自信得很呐……嗯,英文口音除外吧。"

确实也是。虽然口音重,王安在公司里都用英文,也反对华裔员工在公共场合用中文谈话。偶尔听到了,他会皱着眉头纠正:"这是家美国公司呢。"同理,他的女秘书想讨好老板,努力学会几句中文,早上用半咸不淡的中文跟老板打招呼:"早上嚎!"王安却毫不领情,若无其事地走过她,说:"Good morning."

朱祺瑶博士

1963年，公司由朱祺瑶博士牵头（他是王安的交大同学，很早就被王安游说加入公司），做出了第一个热卖的产品Linasec，小巧好用，受到客户的高度认可。

可是当时王安公司名不见经传，合作伙伴Compugraphic的老总精明得很。他们把Compugraphic的牌子贴在每一只机子上，市场都以为这是他家的产品。真正的发明者王氏，最后只沦为生产商的地位。

王氏在这次合作上虽然没有亏钱，事实上还小小赚了一些生产费，可是明明是自家公司辛苦研发出来的产品，却被别家出阴招，过河拆桥，还贴上别家的商标大卖，吃了亏还帮人家吆喝，真正的发明者王氏仍然被深藏不为人知。又无端上了一次当，包括王安在内，在这个机器上付出了好几年心血的王氏团队很是郁闷。

朱博士和王安一起喝闷酒，愤愤道："这分明是欺负人嘛！唉，这事体，想来也是怪我太大意！他们家那老总，当年和我一起在MIT念书，一起熬夜做产品，关系还不错，这次他找上我，又一直合作无间的，想着他怎样也会跟咱们五五

第十章
十载光阴铸实力

分,根本没仔细看合同。太狡猾了,这回咱吃了个大头亏。"

王安吸着烟,好一阵子才说:"这次确实吃亏在合同没有写明确,被人家捡了个现成……也算是一次大教训吧。"他拍拍老同学的肩:"合同都签了,没法子翻案,这事就算了吧。市场卖得好,那就是欢迎我们的产品,总归是好事。现在少赚点钱不打紧,关键技术还在我们手里。接着干吧,我就不信了,咱们以后做不出来比这机子更好的产品。"

朱博士抬起头,看到了老同学眼神里一如既往的沉静坚定。他心里还憋着气,本还想接着骂的,因为这事是他牵的头,又是他当的产品经理,辛辛苦苦到头来却是竹篮打水一场空。人生真不公平!他又仰头喝下一杯白酒,却把话都吞回肚子去了。想起以前,他们在上海,在重庆,一起读书一起做事,骂完了鬼子骂够了政府,再不管不顾地开怀喝上几杯,第二天天一亮,还是要卷起袖子接着干。

第十一章
神机妙算计算器
DR. AN WANG

果不其然,这件事过去不久,靠着王安敏锐的市场洞察力、创意的思维和一双工程师的巧手,王氏的优秀产品终于脱颖而出,亮出了自己的牌子,第一次在业内广为人知。

米勒是王安公司的年轻会计,不懂技术,可是他没事时,或中饭休息时,总爱把玩公司正在研发中的新仪器洛赛(LOCI),还一边自言自语道:"这东西真不错啊,要是能给我用就好了。"

说者无意,听者有心。王安正好坐在旁边吃午饭,听了以后心念一动:LOCI 是一个专门给工程人员使用的计算器,使用者要懂对数,操作不易。要是能把过程简化,使键盘简单易用,是不是就有更大的市场?

说干就干!王安亲自动手,重新设计程序,重做键盘,又煞费苦心研究出一种称为"复式传输"的装置,允许好几个人用不同键盘,却能同时使用同一台主机。这又是一个没有前人做过的专利产品。公司会计米勒全程参与,不断提出修改意见,而王安和他的团队则努力从顾客的角度加以考虑,一样样地实现这个非技术员提出的、他们从未想过的各种使用要求。

二十世纪六十年代中期,我们今天早已使用得烂熟的计算器——学生

第十一章
神机妙算计算器

用来做题,大妈用来上街买菜算账,就是那种最常见的加减乘除计算器——当时却并不存在。多数的店家用加数机来做加减,但做不了乘法和除法。大型的计算机倒是可以做乘除,路数却没有新意:只是把加减做得快得多,比如 100×100,就是把 100 加上 100 次,这个过程做得极快,结果就比人脑算得快。

问题是,大型计算机很贵,一般人可买不起。用另一种对数的方式可以解决简单乘除法的机械运算,但是一旦涉及非整数运算,这种办法也行不通。

王安博士精通数学和物理,他的解决方案是通过增大存储,让对数能够在体积很小的机子里实现乘除。可在当时,即使是存储整位的对数,连大型机都没有那样的容量。

苦思冥想了一段时间,他终于找到了解决方案。设计一个程序,让电子板能够自行产生对数单位。存储单位的要求容量要比存储整个对数小得多。这个方案被他称为"单位融合对数"。这项新技术,王安在 1964 年申请专利成功。

这个新技术的思路是这样的:他把乘法变成对数 log 的加法,然后计算器自动查表,而且还可以做三角函数的运算,这些当时只有大型电脑才能做得到。王安的贡献是把复杂的科学运算简化为"王氏三板斧":加法,移位,查表。为什么他能做到别人做不到?因为王安是搞存储出身的,他清楚存储容量大的好处就是可以把一些结果先存在表格里,实际运算的时候查表。先把一个数进行因子分解,然后查表,然后做加法,然后再查表,正确答案就很快出来了。

1965 年,用了这项革新的技术,王氏开始推出一款小型的计算器,结

▌王氏计算器LOCI第二代

果就是一个轰动市场的第一代LOCI，它最卓越的革新是将本来是电脑大型机才拥有的计算功能，转移到这只更快、更精密、更易用，却不需要大体积大容量的小型机子上去。大型电脑当时的售价为几十万到几百万美元，而LOCI只卖6 500美元，当然大受欢迎。加州大学伯克莱分校，还有好些重要的核电工作站，都买了很多LOCI机子进行运算。很快，这部实用又好用的机子在全世界的技术部门热卖。

有趣的是，这只小而灵的机子，因为是全新产品，在推广使用时也有意想不到的趣事。

法国国家铁路局用LOCI来处理复杂的列车时刻表。有一天，技术部门越洋打来紧急电话："LOCI机子出问题了，不工作了。你们赶快的，派几个人来修！"王氏很重视这个海外大客户，于是连夜派出两个工程师，飞去法国检修。可是到了现场，他们彻查了很久，什么问题都没有发现。

凌晨四点，敬业的王氏工程师乔因为时差睡不着觉，干脆爬起来去机房

第十一章
神机妙算计算器

接着检修。他发现 LOCI 机被关掉了,清晨的温度只有摄氏 3 度,他伸手刚准备去开机,手指一触感觉冰冷,不自觉地往回缩,他突然灵光一闪,知道机子为什么不工作了,因为温度太低!于是,他挨冻等到天亮,第一时间告诉为了省电而每晚关机的铁路客户:除非能保持 15 到 30 度的室温,机子在寒冷或炎热的晚上都不能关机。

LOCI 计算器开始在业界广为人知,老板王安家也在添丁。老二、老三……文霭开始忙不过来了,她只好跟王安说:"还记得结婚前我们说过的话吗?有了孩子我就不能上班了。现在也只好这样啦,我要完全退出公司事务了,帮不了你了。"文霭在公司创立初期,有时间就去帮忙做些文书上的工作,润笔商业信函,拟写合同,公关,等等,也常常参加工作会议出主意。可是现在,她分身乏术,不得不全职转向家庭了。

她不知疲倦的丈夫正在忙着做产品设计,闻言转向她,温和道:"你想怎样打发时间就怎样打发时间吧,公司已经上了轨道,我们也请得起保姆了。你放心,有我的就会有你的,公司的董事局永远有你的一席之位,我和你的股份也会平分。如果过年时你愿意回公司,和同事们见见面说说话,我想大家都会很高兴的。"

文霭太感动了,她庆幸自己嫁了位好丈夫。虽然他说得轻巧,她却明白事情远没有他说的那么轻松。可是自结婚起,她就知道,个子不高的丈夫把所有的财务压力都往他自己一个人身上扛,而且从不抱怨也不叫苦,只一味勤奋地工作着、思考着,对家庭,对她,却是言听计从。

她也知道该如何让终日劳碌的丈夫放轻松,于是给他端上一杯热茶,笑着说:"好久没有请朋友们来玩了。下个月请他们来热闹一下好不好?"

"当然好啦!"王安很喜欢朋友聚会,虽然他话不多,又不喜八卦,可

是朋友们团团围坐，听听乡音，喝上一杯，他就会觉得特别轻松。

当时住在林肯镇的中国人不多，也就几户，大家互相都认识的，MIT的李教授是邻居，哈佛的何博士是旧同事，朱博士是现在的同事，还有住在波士顿附近的上海老友们，都是要请的客人。加上他们的太太，挤满了一屋，到处都是欢声笑语。

今年已经98岁的李教授回忆道："王安和他太太都很热情，每年都会在家里办一两次聚会。那时中国人不多，大家都混熟了。"

那他们在一起，都聊些什么呢？

"什么都聊吧，国事家事天下事，还有许多前沿的新技术。太太们都爱打麻将。那时能有一圈人不容易，她们都打得很晚。有时还要王安送回家的。"

那吃什么呢？

"当然是中国菜啦。有时王太太忙不过来，王安还开车去老远的中国餐馆买外卖回家。太太们也会带些吃的来。那时定居的中国人真的不多，好的餐厅也不多。"李教授回忆60年代的波士顿。

圣诞，元旦，中国新年，王家办聚会时往往是波士顿的冬天。有一次还下了雪。言语不多、一直挂着笑容在听的王安，在新雪初停后，穿上厚衣外套出门，一声不响地，把客人们的车都清扫干净了。

第十二章
无奈"归化"叹重洋
DR. AN WANG

王安和文霭,是在1955年归化为美国籍的。那时正是麦卡锡主义最盛行的时候。所有涉及共产党活动的人和事,都要受到严格的监控或被取缔。对于滞留美国的中国人,当局采取两极的手段:一类是归化为美国人,表示效忠;二类有共产党嫌疑或怀疑不效忠美国的,遭拘留监视,或遣返回国。这种非黑即白,不留空间的做法,对社会造成很大的困扰和伤害。当时在美国加州工作的著名中国学者钱学森,正是在这种氛围下遭到美国政府极不公平的对待,几经折腾才回到中国的。当局甚至对本土美国人也狠——当时的美国电影工会,有一群才华横溢又敢言的导演、编剧、演员,因为他们的作品稍有左倾的迹象,惨被政府投监、隔离、解雇,大好的才华被白白浪费,对美国电影业造成重大损失。在风声鹤唳的麦卡锡年代,冷战初期,类似的莫名其妙的极端例子还有很多。

对待王安夫妇那样普通的,没有涉及敏感领域的中国留美学人,美国政府采用的是另一极的做法。

1955年的某天早上,王安正准备出门上班。有人敲门,一问,竟然是态度友善的移民官亲自上门。

官员把一应俱全的文件都展开，把所有当公民的福利也详尽解释。最后诚恳地说："王博士，希望你们能明了我们的诚意，现在只需要签上名字，你们夫妇就能成为美国公民了。其实对你们来说没有任何损失，只有收获各种社会福利和一本能够走遍天下的美国护照……你们好好想想吧。"他很有礼貌地点头道别，带上门，走了。

王安看着眼前的一大堆文件发愣。他知道，那个礼貌的移民官没有说的潜台词就是：如果他们不签字，那就要后果自负了。

王安觉得，从骨子里他就是个中国人，这样子半强迫的"归化"让他很不甘心。回想打鬼子那阵，他宁死也不愿改变中国人的身份。赴美后很长一段时间，他还一直想着学成归国。但是现在时空已变，他身在美国，成了家，草创了公司，有了儿子，刚刚还有了第二胎呢。如果不签字，就摆明了

▎二十世纪五十年代MIT附近的旧楼

第十二章
无奈"归化"叹重洋

要跟政府作对。他的家已在美国,在中国的家早已毁于战火,荡然无存。妻子的老父在国内,也正因为孩子们在海外的缘故,日子难过,无端挨批,文霭常常为此事生气流泪,劝老父返美。面对这一切他无法改变的政局现实,他又该怎么办呢?

他跟妻子商量:"老实说我挺为难。你觉得呢?"

文霭的回答很巧妙:"我的父母都在夏威夷出生,移回中国去了,我呢刚好反过来……你是一家之主,你来定吧。"她给他一个鼓励的微笑。她正在一门心思照顾孩子,两个儿子的个性都很顽皮,不太好管,确实不想太费神,反正这个家,走到哪儿都好,总是一体的。

王安拖了一些时日,实在没法子再拖延了,因为身份问题会影响到公司的业务,还有和政府有关的一些合作项目,更关系到其他员工的去留。他在心里反复思考,左右衡量,最后长叹一声,还是签了字。

他回想自己在草创公司时的决心:人在哪里其实并不重要,好好证明自己,为中国人争光。

从一种文化到另一种文化,有断裂,有消失,有传承。在这个世界,没有谁比第一代的外国移民更清楚文化转换过程中的失落和挣扎:在拥抱新生活新文化的同时,不忍也不愿粉碎自己的过去。

故国难归,骨肉分离,一言难尽。于是,他把对母国文化深沉的爱,对故乡亲人的思念和挂牵,深埋于心。看着从小就在美国白人圈子里快乐长大,连中文都不懂的孩子们,他不无遗憾地想:就让这些小老美在此新大陆里自由快乐地成长吧,这份与母体文化与母国土地撕裂的痛苦,他们这一代,再也不必承担。

1960年的秋天,王家迎来了一位非比寻常的老人:文霭的父亲邱老先

生。他此时已是 80 岁的高龄，风烛残年之时，终于决定返回他的出生之地夏威夷，之后辗转去到麻州的林肯镇。他拥抱着十几年没见的爱女，忍不住老泪纵横：

"阿霭，我不走了啦，就留在这里终老吧。"

当年只有十岁的小王烈，常常看到外公一个人出门去散步。他缓慢地走过林间的乔木，绕过邻居的房子和花园，一直走到有店铺的镇上去，歇歇脚，再慢慢地走回家，手里拿着刚刚买给小孙子们的玩具。

谁也不清楚邱老先生在国内经历了些什么，他闭口不谈。老人家回到美国后，身体很快就变差，林间的散步也越来越少。他在王家只住了半年，就因病去世了。从此，小王烈想了解祖上一辈、了解中国的窗口，又关闭了一个。他的父母都不愿谈论中国往事，母亲更是因为老父在国内的经历伤了很久的心，真问急了，王安只淡淡地跟儿子说："中国嘛，终归会回去的。"

第十三章
买地扩张展豪情
DR. AN WANG

从临海又靠江的波士顿往西北方向走，开车大概 60 公里左右，就到达一座不起眼的名为托斯百利（Tewksbury）的小镇。这镇子离罗威尔城倒不太远，不同的是罗威尔有大河绕过，一直都是工业城。托斯百利镇不临江河，在历史上，就是以务农为主，到处都是农庄土地。有一天，王氏的员工约翰有事经过托斯百利镇，发现了一大片荒芜的农庄土地低价出售。

约翰刚进公司时只是一位普通文员，很快就晋升到王博士相当信赖的公司管理高层。他人极聪明，而且能说会道，心思灵敏，正是讷言敏行的博士喜欢的人才。

约翰被那一大片的空地吸引，心念一动，敏感地想到：这块大地盘，是不是可以用来满足王氏未来的扩张？越想越激动，于是他第二天就拉老板王安来到了现场，兴奋地指着前方一望无边的广阔农田说："博士你看，这里多大多好啊！离波士顿和林肯镇也不算远，才大半个小时车程。咱们要不要下决心，买下这块地，在这里大兴土木，扩展王氏？"

他们眼前是一大片高高低低，有平地，有小丘，还有小树林的农庄土地，面积约 30 万平方米！王安开业十来年，公司从一开始在波士顿的不到二十

平方米,到剑桥的一百四十平方米,又到莱铁克的四百六十平方米,不断增加人手和生产线,每隔几年就要搬移一次办公地点,他们早就不胜其烦。在那个偌大的农庄,王安往前走了几十步,往左几十步,往右几十步……看到的土地还是没有尽头,心中大喜,一见倾心,脑海中呈现了王氏专属大楼的美景,每个部门都会有足够的活动空间:办公、研发、生产线、仓库、车场……他越想越高兴,于是不由自主地点着头,对约翰说:"很好很好,只要价钱可以,我们全部买下。"

▋托斯百利镇的农场土地

第十三章
买地扩张展豪情

"价钱非常好！"约翰兴奋起来，"我早就问过了，因为这一大片地总体不够平坦，小丘很多，主人又不愿意只划出平地，一块块地零售，因为那样的话山丘地就没人要了。希望最好一卖就要整块地全部卖。可能地盘太大了，来问的人很少，卖价已经降得非常之低！"

"太好了！我们全都要了。实在用不了整片地的话，就二手租出去。"小老板王安豪气地当场拍板。

王安醉心高科技，对搞房地产毫无兴趣。他纯粹是被各种迁移和土地问题给搞烦了。在此之前，他曾花了一笔钱买下波士顿南边远郊的一块土地，打算自盖公司大楼，从此不用再搬了。可是因为各种突发问题，不能在上面盖楼，土地又一下子转不了手，还欠了一屁股债，财务上差点撑不过去了。幸亏有了卖专利给 IBM 的那几十万，全数用尽，东拼西凑，总算是缓了过来。现在看到一大片可盖楼的空地，加上摇钱树产品 LOCI 不需要太担心现金问题，怎能心中不喜？

可是除了约翰，所有的人都以为他疯了。当时是 1964 年，公司才只有区区 35 人。连王安太太也忍不住问："公司要那么多地干吗？用得完吗？"还有朋友以为，王安的科技主业干不下去了，想当地主，做新业务：出租土地！

王安一意孤行惯了，不管别人怎样评论，他还是大举借债买地建楼。地价确实便宜，才花了七万多就把那一大片地买下了。从银行借的一笔大钱，多数花在平整道路、铺砖建楼上，于是以非常快的速度，两栋砖石结构、方方正正的工业大楼在荒郊野地拔地而起！为了省钱，也为了快，这两栋砖石楼的外观和建造都极其普通，一切以简单实用为主。主体办公楼有八九层

■办公人员正在使用王氏计算器

高,还有另一栋副楼,更矮一些,用作生产、装配、仓储。平整宽阔的路面铺出来了,每天都有大卡车来来回回地送货接货。又在主楼前修辟出一大块平地来做停车场,剩下的土地就暂时空着。车场外还留有一片小树林保持原样,成为员工们午餐、休息时散步放松的好去处。

小镇的政府当然很欢迎王氏的入驻,因为它带来的是急需的转型产业——高科技产业。镇长他们还专门请王安开会吃饭,以表欢迎。在会上,对自家的产品有谨慎信心的王安说:"很感谢在座各位的支持和信赖。我觉得,王氏公司搬到这里后,应该会扩张到一百人。"

他后来自己也忍不住好笑,因为那一百人的估计,真是太过保守了!

1966年,王安公司借了第一代LOCI成功的东风,顺势推出第二代计

第十三章
买地扩张展豪情

算器产品 WANG300 Calculator，使用者不需要懂对数就能进行操作，而且体积更小，功能更强，使用更易，并能四人同时使用。300型一上市就受到校园师生和各行各业人员的热烈追捧，卖得非常红火，而且市面上基本没有竞争。凭借这些小巧实用，有革新性功能的计算器，王安公司终于拥有了WANG品牌的拳头产品，从此一发不可收，销量连年呈爆发式增长。王氏公司的声望，则从一家默默无闻的小小技术公司，成为在欧美市场颇有拥趸的计算器公司。计算器产品从专业到商用的转型成功，让王安加深了要在自家产品上追求卓越和实用的决心。同时，他心里很欣慰，一路走来尽管不易，但是他终于找到了能充分展现自己智慧的路子：不断地发明创新，不断地从教训里学习，顺应市场和顾客，让王氏产品越做越好！

1967年，公司搬到托斯百利镇才三年，员工数目已经远不止一百人，而是从三十五人跳跃到四百人。营业额从搬址时的一百多万，劲升到六百九十万。最初建的大小两座大楼，早就不够用了，而用于生产加工的空间，也在两年间，从一千八百多平方米扩展到四千六百多平方米。他们只好用"兵来将挡，水来土掩"的老法子，每年在自家地盘加盖一栋新楼，来满足不断扩大的员工需要，直到土地都快用完了，没有地盘再盖新楼了。而且因为一开始就没有全盘规划，又要快，又要省钱，建筑物那是一间赛一间地丑陋简易。

可是谁都没有抱怨，反而充满了兴奋、乐观和不知疲倦的工作热情。王氏终于走过了充满了荆棘和寂寞的头十年，凭借自创的王氏计算器LOCI以及一系列的创新产品（WANG Calculator）的东风，实现了第一次品牌的认可，开始王氏历史上第一轮爆发式的扩张。

WANG ANNOUNCES
The World's
Second
Most
Powerful
Calculator

Practically every engineer and scientist needs a calculator with built-in logs, exponents, trig, storage and programming. But not everybody needs the Wang 700 – the World's most powerful calculator. That's why Wang designed the Model 500 – it's easy to use yet powerful. And a 500 can be expanded by simply adding internal components: extra memory, a cassette storage system and a printer. You can go all the way up to 16,000 program steps and never have to send your 500 out of your office.

For expandability and versatility the Wang 500 is second to none – except of course the Wang 700. For complete information contact any one of our sales/service offices throughout the world (see Page 34), or write Wang Laboratories, Inc., 836 North Street, Tewksbury, Mass. 01876, Telephone (617) 851-7311.

■ 王氏计算器时代的又一款主打产品——WANG 500的广告。

当时卖一部计算器，利润高达百分之七十，所以一直没有太大的资金压力。300型计算器系列的成功推广，也带来了公司其他产品的水涨船高：商用的，统计用的，科学用的，工程计算用的，等等，全都在热销！王氏第一次转型成功，从一家科学研究型的公司，成长为一家生产民用科技产品的公司。

也是从60年代后期那时开始，王氏开拓国外市场。先是英国、比利时等国和台湾地区，再慢慢全球渗透。台湾地区那时正值经济起飞，大量OEM（代工）接单，台湾新竹很快成为王氏主要的生产基地。直到今天，还有一些台湾老人记得那时的生产盛况，曾经往返中美多次的台湾王氏老员工Ronald回忆道："那时大家都年轻，努力奋斗打拼，公司业务蒸蒸日上，

第十三章
买地扩张展豪情

也曾分享过荣耀的时刻。那种荡气回肠的滋味,到现在还都记得。"

同期,王氏开始直销模式,培训并拥有第一批麾下的销售团队,共80人,在全球40个城市开展业务。后来成为王安左右手的约翰·肯宁翰,就在那批最初的销售人员里面。1969年,他踌躇满志,从芝加哥分部调回到麻州总部工作。上班那天却傻眼了,因为整座大楼都挤满了人,他连一张固定的桌子都没有。他只好每天早上查问秘书:谁谁这两天出差了,能空出一张桌子出来给他用用。

王安最小的孩子茱莉安,就是在公司的第一部计算器诞生时出生的。她生正逢时,王家已经是一方富豪,她作为唯一的女儿,自小备受父母兄长的宠爱,也宠出了她娇蛮任性、一意孤行的个性。

也是从那时开始,公司的人开始统称他们沉默而坚定的老板为"The Doctor"(博士)。

第十四章
儒商重才自带威
DR. AN WANG

来自东方古国的博士老板，给员工们的印象是聪明，安静，甚至害羞。要说话，也是字斟句酌，绝不多话，对自己要做的事，却是绝对自信沉稳。有同事私底下称他为"谦逊的自大狂"。

周一到周五，每天早上八点左右，博士就会准时到达公司上班，风雨无阻。即使是下雪天，他一大早就把家门外的雪铲清爽了，只要公路能走，他也是早早就到公司上班。一年四季，他都穿着差不多样子的灰色西装，白衬衫，打一个领结。他温和寡言，低头走路，毫无老板架子，从内到外都是一个中国老派绅士的形象。

早上第一件事，就是查看所有信件，处理紧急事务，这个习惯在他当年一个人上班的时候就已养成。不要轻视这个习惯，因为所有重要的公司信息——财务、生产、客户、政府、司法等，都是他第一个过目，再传递到手下的。一切都在他的掌控之中，任何重要的事都逃不过他的法眼。

处理完信件后，开始轮番开会，两人或是一组人，在一起谈论技术、销售、生产、人事……早上10点，装着咖啡和各种零食的食品卡车开到公司门口，他就要上一杯热咖啡，在公司大楼一边踱步，一边观察，一边思考。

第十四章
儒商重才自带威

中午，他开个十分钟的车，到镇外繁华地段安都华的餐厅和公司其他高层会合。如果去中餐馆，他通常会吃快捷的布菲餐，或者一份海鲜烩饭；如果去西餐馆，他就会要一份公司三明治，或者烤鱼或鸡，偶尔也会来一点浓汤或者甜点，甚至喝一点点酒，边吃边听他们谈论最新的信息和想法。托斯百利镇子太小，没有什么正规餐厅，一般员工都是自带午餐或者开车到外镇吃，外卖也常见。工作午餐之后，博士又回到办公室接着工作，或者开会，或者把工程主管们请到办公室，细细聆听他们的设计和想法。遇到最复杂的问题，他喜欢用一叠纸和一支铅笔，涂涂画画，帮助思考。

一直忙到晚上六七点左右，电话铃响了，是文霭催他回家吃饭。他拿起话筒，转用中文很快地答："嗯嗯，知道了，我马上就走。"拿起一叠文件，准备回家再工作到深夜。周末，多数时候，他如果不是在公司加班，就在家里接着工作。

他总听别人发脾气，自己却很沉静，极少发脾气，如果真要发火，更像是一个生气的父亲而不是一个愤怒的老板。当然，这种时候并不多见。基本上，他清醒着的时间大都用在工作上，不是在思考，就是在动手写文件、打电话或开会。没有周末，没有休假，没有娱乐，只有层出不穷的突发事件，不完美的执行，各种延期，各种争执，现金的短缺，债务的期限，顾客的要求，项目的紧急，机器的故障……所有重大的决定都要依靠他，如果没有坚定的信念和真正的兴趣，这真是一份既辛苦又孤独的工作。

心直口快，又备受宠爱的茱莉安，竟然对她的妈妈说："公司就是爸爸的第二桩婚姻，妈妈你太吃亏了！"文霭只是笑笑。

也只有当太太的她，才真正知道，管理一家正在飞速成长中的公司有多么的辛苦，要负多么大的责任。即使七天无休，早出晚归，还是时间不够。

风光只是外人看到,背后的付出,她清楚,她心疼!虽然她不再经常去公司上班,却还一直保持着公司董事的职位,在每年的圣诞节晚会上,她会根据掌握的公司当年状况,认真准备素材讲稿,发表讲话,答谢员工。每一次演讲,主题鲜明,词语优美,情真意切,成为王氏员工们真心期待的年终事件之一。有一年,她针对女性工作的成就,发表鼓励女性升迁当经理的观点,得到员工们——特别是女性员工们——最热烈的掌声。

而不管公司搬到哪里,王安的办公室总是离工程部最近,来往最密切的人,都是为王氏最新产品效力的工程师。开会的时候,他会安静地一边吸着烟(后来改用烟斗),一边听着工程师们为了最好的方案大声争执。他会容忍一方骂另一方"猪一样蠢",另一方则被激怒得敲着桌子大喊大叫。到问题讨论得差不多了,博士才会发声,说:"那就这样这样做吧。"只有在这个时候,大家才会停止争吵,重新成为并肩战斗的同事战友。

这种奇特的,矛盾重重却最终众望所归、百川归海的王氏文化,就在那时开始成型。民主与集中,在博士的身上,就是聆听与决断,两者从来就不矛盾。王安早年就熟悉的平行式思维,在这些纷杂的会议和讨论中总能发挥作用,他的思考总是比手下更快捷而且准确。民主式的开放讨论,是松;而他最后的决定,是紧。这份收放自如的自信和智慧,在每一次关键的时刻,都让他的手下们深深折服。

有句老话"物似主人形",意思是做出来的物品,与主人的个性思维有某种程度的相似。王安对他产品的要求极高,一是简洁,二是实用。对这个化繁为简的思路,在自传里,他说得很富哲理:"无论一个技术问题多么复杂,通常都会缩减成一个简单的关键……最简洁的方案往往也是最好的。同样,在商业领域,最复杂的问题,在想通透之后,往往会归化为一个简化

第十四章
儒商重才自带威

了的关键核心，复杂的只是它的构成。"敏于思考，看问题透彻，敢于创新，于是很多看似不可能的构成，都会一一出现在他领导下的王氏产品中。

WANG 的名字开始传播。销售员泰德回忆，他在加州橙县推销王氏产品时，总不忘提及王安是个"神秘的中国绅士，伟大的天才"，"哈佛博士，发明了电脑磁芯，又卖给了 IBM 的那个人"——提到 IBM 让他们对公司放心，提到哈佛则让他们对这个人放心。当然，产品本身才是最重要的促销，具有划时代意义的 300 型计算器系列，是王安公司日后一长串价廉物美、贴近用户需求的优秀产品中的第一个。它也在王安名下长长的几十个发明名单上增加了分量。

尽管王安天资聪颖，兼有发明家的声名，但他却不受干扰，一直勤奋用功，不间断地学习和思索。因此，他在研发部门有绝对的统治地位，能够压得住那些绝顶聪明而且个性很强的员工。在瞬息万变的商业世界，他一直秉承一份东方式的兼容包纳，大家长式的明快决断，有节制的纵容，但是绝对的控制。这种帝王式的管理架构，在王氏早期的运用非常得力，因为王安拥有非凡的判断力和手下对他无比的忠诚。但到了王氏后期，由于缺乏有效而平等的沟通和管理架构，这种模式却给继承者们带来了无穷的烦恼。

DR. AN WANG

纵横江湖

技术革新的浪潮一浪接一浪，王氏再次危机四伏！可是任谁也没有想到，王氏并没有被打倒，这匹黑马将会一次又一次以更加优秀的划时代新产品，惊艳业界，绝尘而出，一飞冲天！

第十五章
风光上市
DR. AN WANG

王安在很多时候，谦虚地把他的成功归功于各种各样的幸运。在他创业之初就认识的银行家彼得·布鲁克，绝对是他的幸运圈里非常重要的一环。

回到1958年的夏天，王安公司还只有不到十个员工。他们全挤在MIT附近的老旧办公室里忙活着，谁都没注意到一位西装革履的年轻人敲门进来。

"请问王博士在吗？我是波士顿第一银行的彼得。"他伸出手，很有礼貌地向一名正在忙着测试的员工自我介绍道。

那员工抬头扫了他一眼，未加理会，不知道他是何来路。未几，王博士的秘书出来赶客："对不起，博士没有空。这是我们公司的律师名片，你有事请找他吧。"那时王安的各种专利官司还没有完全搞清爽，所以对所有的陌生人，都以律师名片招呼。

彼得是在一长串的潜在客户名单里，找到王安公司的。他特别会动脑子，专门猫在MIT的旧楼附近找潜在客户，挖掘未来的企业之星，可不会那么容易放弃！不久之后，这个年轻人再次特地登门拜访，想多点了解这家

新公司的状况。他见到的，是一个最简陋的加工现场，一群忙得不可开交的员工们——当时所有人，包括王博士在内，都在后门装货，一箱箱地把产品搬上卡车。货多人少，每个人都忙得满头大汗。彼得见状，很自然地把笔挺西装脱下，雪白的衬衫袖子一卷，加入到里面帮忙。王安看在眼里，不再拒他千里之外。

简单的交谈之后，彼得对王安和他的公司充满了信心。他递上自己的名片，热情地说："如果你的公司运作需要流动资金，我一定会全力帮助你。"从此，王安多了一位终生的朋友，一位与他同甘共苦的创业伙伴。当然，也是因为后来王氏的成功，彼得所在的波士顿第一国民银行赚了个盘满钵满，彼得本人，也成为美国第一家专注于国际高科技风险投资公司——Advent集团的创始人之一。一直到现在，彼得仍然是商界名人。2010年，权威的《波士顿商业周刊》把他列为"二十世纪波士顿地区最有影响力的商业人物百强"之一。

王氏第一笔的银行借债是两万五千元，后来不断攀升，到了王氏开始投入全部资源自创计算器新产品，不再有余力去赚取稳定的合同收入时，银行也开始有些顶不住了。彼得的银行借债额度已经到了顶，他不忍看到王氏的发展受困，于是穿针引线，说服王安第一次去卖股票，换来急需的现金。

王安那时在资本运作上，基本上还是个新手，公司草创，确实很缺钱，五十年代创业早期，他也尝试过在中国人圈子里筹款，但没有人理会他，有些眼红尖刻的，还说上一堆风凉话，巴不得他的公司倒闭呢。心灰意冷之余，他只好同意彼得的安排，在1959年，出让了25%的王氏股权给一家名为W&S的公司。该公司用了区区五万美元现金，加上十万元的借债款，就拿到了王氏四分之一的股权。

第十五章
风光上市

▎王氏股票证书，B股

▎王氏股票购买准许证

这件事，又成为王安一生里不停后悔的大教训。他后来把股权控制得那么紧，也正是因为这次过于草率的贱卖股票，让他觉得吃了一次大亏。熬过了那段最缺钱的日子之后，谁又能预想得到呢，八年之后，W&S 拥有的王氏股票价值，竟然会从五万元升值到一亿美金。

从此，王安虽然一如既往地相信和依赖彼得和其他金融人士的建议，唯独在股权控制这一关键问题上，一意孤行，谁的意见都不采纳。他在王氏成

功上市之后，刻苦研读金融书籍，最终把自己也培养成了金融市场的专家。

回到1966年，王氏生产的计算器开始大卖，美国股市正是牛市，十分红火，银行于是不断建议王安赶快把公司上市。因为该银行也持有王氏股份，上市可以大赚一笔，也是很好的回报。

"博士，上市是个双赢方案，一方面会带来资金，另一方面会增加公司的知名度。"银行家彼得大力赞成。

"我明白的，但我不愿意不懂行的外来资本进场，控制我的公司，左右我的想法，介入我的做法。"王安心里有所顾忌。

彼得安慰他："那就少卖点股票，王家拥有50%以上的股权就可以了。"王安前思后想，觉得风险不大，又跟文霨商量后，遂点头同意，和各小股东达成协议，统共出让王氏三成的股票上市。

于是，1967年8月23日，前程远大的王安公司在纽约上市，本来只打算融资两百五十万，发行股价为每股12.50美元。没想到上市才第一天，王氏股票就飙升到每股40.50美元。公司从之前市值才一百万美元的小不点儿，一下子飙升到纸面价值七千万元的中大型公司。神话实现，一夜致富！王安本人的身家也在一下涨到五千万，还日日不停地往上升。转瞬之间，王安公司成为华尔街的宠儿，业界的新贵，人人热捧的当红股票，所有持股员工兴高采烈。

谁都想拥有能够长期摇钱的王氏原始股。巴尔的摩棒球队的一位投球手通过股票经纪，幸运地买到两百股王氏的原始股，一夜间赚到五千元，而且还不停上涨。兴奋之余，这位投球手投桃报李，让王安用十元的票面价，买到两张有自己队和红袜队决赛的棒球票。百年来，巴尔的摩黄雀队、波士顿红袜队、纽约洋基队，这三支棒球队一向都是东部的最强宿敌，每年都要拼个你死我活。决赛时，真正的票价当然要比票面价要高好几十倍。当王

第十五章
风光上市

安坐在有百年历史的波士顿氛围球场,在最棒的位子上看着敌方投球手向自己致敬,心里别提多爽了!这是他一生里,第一次也是唯一的一次,现场看棒球赛的有趣经历。

60年代是美国高科技一个爆发期,各种资金力捧,市场正值大牛市。刚好王氏有强劲的成长预期,有利润,又有十六年的坚实历史,所以一上市就大获成功。这也是王安从商生涯中,又一次抓住了幸运的转轮。因为一年半之后,经济衰退开始,市场速转为熊市。如果王氏没有上市,就要等待长长的八年,资本市场再度活跃起来之后才能上市。而如果没有上市带来的强大的资金支撑,王氏后来独家制造轰动产品,也很有可能成为泡影。

风险基金当时已经在美国出现,可是王安对此不感冒,觉得在分担风险的同时,也要分享股权。他可一直没有忘记自己创办公司的初衷:自己冒险,自己控制!他一向特立独行,公司上市成功,更让他对自己判断操控大盘的能力、把握未来前景蓝图的远见,充满了自信。

第十六章

华丽转身千机变
DR. AN WANG

1968 年，现金充裕、踌躇满志的王安，在银行家彼得的再次穿针引线之下，用非常棒的价钱，买下了集中了当时全美顶尖软件人才的麻州公司 PHI。老板汉金斯一见王安就觉得他是个人物，本来他准备谁来都不卖的，却当场拍板决定余生要为王安工作。被动的 PHI 员工一开始很不以为然，心想：不就是一家做家常计算器的小公司么，我们可是参与了最高科技阿波罗计划和双子星计划（美国 NASA 第二次载人飞船升空计划）的团队啊！

■ 美国太空总署60年代的航天计划：阿波罗计划，双子星计划

第十六章
华丽转身千机变

能够幸运地得到 PHI，是王安一生中最关键、最棒的交易之一，他从此拥有了非常珍贵的，也是公司最稀缺的软件人才。这些人才，和后来加盟到 PHI 麾下的几员虎将，成为日后研发王安电脑的中坚力量。

1971 年，WANG 品牌下的计算器系列产品稳居高端市场的领导地位，收入占了当时公司全年营业额的 75%，正是做得风生水起，勇挑公司赚钱重担的时候。

就在那一年，王安又做出了一个令他的手下，甚至业界全体震惊的大决定：王氏要全面退出如日中天的计算器业务，全力转向电脑业。

这又是一个异乎寻常的大胆决定！

王博士却明白得很，心里像揣了个水晶球，他看到了来自美国其他大公司的竞争，来自低端市场的价格冲击，甚至看到了来自海外日本公司的威胁，预感到这一领域的利润会大幅修低，仅靠计算器这单一产品赚大钱的好机会已然过去了。

果真，不久之后，计算器应用新的电子技术，成本大降，竞争激烈，渐渐成为一种大众化的薄利产品。王氏这一次出其不意的华丽转身，和当年创新发明 LOCI 一样，王安总裁在电子业界，又一次赢来了高瞻远瞩的美誉。

当然，更多的人并不看好这一次的战略大转变。因为当时的电脑业，大佬称霸，门槛奇高，是资金投入最大、竞争最激烈的行业，王安凭什么觉得自己有戏呢？

面对方方面面的评论，外表平静的王安博士，其实心里波涛涌动。因为在经过了二十年的耐心等待和实力磨练之后，他终于积累了资本，突出重围，又回到了让他成名的起点：电脑业。二十年间，多少风云变幻，多少技术换代，而他终于和他一直期待的强劲对手 IBM，靠近了大大的一步。

第十七章

爱恨情仇IBM
DR. AN WANG

老华特生是IBM总裁，更是其企业文化的开启者，他的许多创新性的管理做法，赢得了员工们的追捧和忠诚。1914年，他雇用了第一位残疾工人，成立员工学习进修部门，大力提倡深入思考(Think)的重要性，员工如果有任何抱怨，直接可以找总裁或经理申诉——这就是著名的"开门政策"。公司还赞助员工成立各种体育队，组织家庭户外日，组办公司乐队，等等，强化公司的凝聚力与团队合作精神。

1952年，他的儿子小华特生从"二战"的战场立功归来，接班成为新一任的IBM总裁。他接手的是一家飞速扩张的公司，在多个市场上面临技术新变革的挑战，内部的管理问题也很多。因为小华特生在读书时劣迹斑斑，成绩不佳，连上布朗大学都是靠他老爸走后门硬塞

▎IBM总裁小华特生（1952—1971年在位），《时代》杂志1955年封面

第十七章
爱恨情仇IBM

进去的,差一点还毕不了业。很多人都怀疑这个继承人的大盘操控能力,以及能否维持公司从一开始就实践和认同的优秀企业文化。

小华特生在"二战"的战场上备受战火磨练后,变得成熟而且肯负责任。他年轻生猛,锐意改革,在公司内部建立起一个现代化的管理架构,把大家熟悉的IBM实践和哲学都写进员工手册,成为正式的公司政策:包括IBM的三大原则(尊重个人,提供全世界最好的顾客服务,所有的任务都用最优秀的办法完成),开门政策,员工机会平等(比政府正式通过类似法案早了十来年),等等。在他的带领下,IBM从美国东岸到西岸,甚至世界范围,大肆扩张公司版图,并且继续与美国政府合作大型电脑项目。冷战这时已经开始,电脑的重要性日益彰显。IBM在50年代最重要的政府合作项目——SAGE美国空军国防系统,与拥有最新科研成果的麻省理工学院通力合作,从此一家坐大,走在世界尖端电脑技术的最前沿。

IBM的大型电脑SAGE,以每台三千万美元的价格,共卖了五十六台给美国政府,揽了近十七亿美元的政府大单,因此获得了巨大利润。仅仅在这

▎IBM SAGE大型电脑系统全貌

个项目上，IBM 就投入了七千个人力（占当时公司两成的雇员），提供长期的维护和更新服务（SAGE 电脑系统一直运作到 1984 年）。因为这些最新的电脑技术和空军方面的经验，IBM 后来推出了商用的 SABRE 航线航班订位系统，同样大获成功。

IBM 旗下的商用电脑，因为用了无可匹敌的最先进技术，在 20 世纪 50 年代一统天下，成为全球首屈一指的高科技公司。小华特生接班后短短五年，用优秀的业绩回答了所有人的疑虑：IBM 的版图扩大了两倍多，股价升了五倍，全美国正在使用的六千台大型电脑，有七成来自 IBM。

在接下来的二十年，小华特生成功地把 IBM 从一家中型的商务用品公司，转型为世界电脑业的巨无霸。1969 年，IBM 把电脑软件和电脑硬件分开来卖，开启了一个几百亿美元的软件行业，也在短时间内让公司成长数倍。小华特生在 1971 年退休，是美国商业史上最成功的 CEO 之一。

在小华特生任内，王氏还是一家小公司，小到不入他的法眼。最初和王安打磁芯官司那阵子，他才刚刚掌管 IBM，有一大堆的事在忙。具体事务都是 IBM 的司法部门在处理。后来官司事情了结，主管的人上来汇报邀功，心想我们在此一案大获全胜，还替公司省下两百万元，老板应该会很高兴。可是没料到，小华特生眉头一皱，很不高兴地说："谁让你们这么干的？"

他的手下叫了起来："这难道不是很好的结局吗？王安只能拿到那么一点点钱，能撑个几年就很了不起了。我们把他消灭在萌芽之中。"

小华特生没有再说什么，只是在心里留了一处小小的阴影。他尊重聪明的、刻苦创业的人，因为自己的父亲就是那样起家的。隐隐地觉得这样子做，对重要的电脑磁芯存储发明者王博士是不是有些过了？可是手下如此

第十七章
爱恨情仇IBM

强势出暗招,都是为公司着想,也不好说他们什么。于是淡淡道:"以后不要再用那些歪招了。如果被发现了,会对我们不利的。"手下点头应承。

没有想到的是,十几年前那曾经若有若无的心中小阴影,竟然会在他因病退位的那一年,面积不断加大。他不无担心地对新任总裁说:"这么多年,我们一直小看王安了。他非但没有消失,现在还做得越来越大。我看他还是挺有野心的,你们要注意他。"

新总裁不以为然道:"就凭他们么?小小公司能玩出什么新花样?电脑市场从一开始就是IBM的天下。他们半点机会都没有。"

后来的结果证明,小华特生的忧心是对的。因为王氏后来在文字处理器上的大成功,相比IBM在此领域的不作为和缓慢,有小道消息说,小华特生因此被气得心脏病复发。当然,IBM也不是好惹的,后来IBM PC的大成功,也是因为他们意识到之前的傲慢带来的恶果:轻视对手,误判竞争,创新缓慢。大佬IBM在吃了王氏一堑后,后来也因此变得谦虚和亲民。

王安跟IBM渊源很深,爱恨交织。自从把他的专利发明存储磁芯低价卖给IBM开始,心里总有点IBM大型电脑也应该有自己一份功劳的奇怪心理,总是觉得不服气。所有的交手经历让他既骄傲,又不甘,更加深了他决心与之竞争的斗志。而这一段复杂的历史,也成了他心心念念,放不下的重重心魔。

在IBM大型电脑在全球范围大卖、王安公司小打小闹稳步发展的年月里,王安爱恨交织的复杂情绪,在他敏感好强的内心里,一点点地沉积。他身边的同事、朋友、家人,也都清楚他这份难解的心结。

1964年,达茅斯学院的两位教授完成了BASIC电脑语言的发明,这是软件编程的新开始——电脑不再高精尖,连普通人也可学可用了。电脑的

发展，也顺势从大型机时代转为微机时代。一时间群雄并起，挑战 IBM 的霸主地位。

1968 年，王氏开始做第一款电脑 MODEL 400，可是，一做出来王安就知道，这部机子无论在功能还是速度上，都无法与 IBM 和 DEC（电子仪器公司）的机子抗衡。DEC 的总部也在美国麻州，创始人是肯·奥尔森，他比王安晚开业几年，一开始就找到外界投资，专注微机业，并大获成功，很快就成为麻省数一数二的大公司。

DEC 是电脑微机的鼻祖，IBM 则是电脑大型机不可撼动的老大。HP 公司拥有在计算器上的新技术，也渐渐开始超越王氏计算器。王安在哈佛发明的存储磁芯一直被业界用到 1970 年。在此之后，新的存储技术，ROM 和 RAM 体的新型电脑芯片，开始在加州的 INTEL 公司生产，很快就全面取代了王安的哈佛发明。

技术革新的浪潮一浪接一浪，王氏再次危机四伏！可是任谁也没有想到，王氏并没有被打倒，这匹黑马将会一次又一次以更加优秀的划时代新产品，惊艳业界，绝尘而出，一飞冲天！

第十八章
暗箭难防第二役
DR. AN WANG

如果说,当年王安与IBM的官司是第一战,那么这一次,王氏推出的第一款电脑微机进入市场,就是和IBM面对面的第二战。

从1970年到1975年,美国社会的政治和经济经历了一系列的动荡和变化,短短五年就有两次经济衰退:越战后的通货膨胀、第一次石油危机,另外还有水门事件的影响。

在科技领域,微处理器开始吸引大众的兴趣。文字,而不是一连串的数码和指令,开始可以在屏幕上显示,电脑变得更加亲民,而不仅仅是程序员的专用品。

1971年,王氏战略转型,推出"WANG1200",第一次进入电脑文字处理市场,开始和IBM直接竞争。

IBM当然很不爽,暗地里对供应商实行限货令,让王氏得不到需要的部件。加上毕竟是第一次,王氏团队好不容易做成的电脑新产品"1200系列",设计本身就有各种缺陷,因而拖累整个产品的运作,使用起来总有这样那样的问题,非常不顺。抱怨的顾客纷纷退货,加上经济疲软,王氏在1973财务年,首次录得开业以来的负数:十来万美金的亏损额。

王氏放弃如日中天的计算器，初入电脑新领域，所有人都满心期待的主打产品，却意外地出师不利，大家都很沮丧失望。在公司内部，改进的建议铺天盖地，各种新的产品计划都堆到博士的桌子上，让他大费踌躇，整日思索，举棋不定。

"1200"的系统极不稳定，有时运行顺利，有时却突然不工作，王氏的技术主管艾特想破脑袋也不清楚问题究竟出在哪里。于是他改变思路，找来两位专门修理IBM机器的修理工人，外来的和尚好念经，或许外人能发现些什么问题呢！果然，他们打开机器仔细一看，很快就发现，有一个部件少了一根弹簧，影响了机器的正常运作。在将信将疑的心态下，他们拆开IBM的机器，同一零件的部件却完好无损。供应商用的是同一家，为什么IBM的机器有弹簧，而WANG的机器就没有呢？

IBM显然不想让事情闹大，这个奇怪的发现曝光之后，IBM主动请了一队修理工，一个个地把弹簧装上，这次事故也总算是结束了。

可是艾特还是好奇心重，想知道IBM会不会用同样的伎俩来对付其他的竞争对手。于是打电话去问一个熟人朋友——她主管的公司的机器也是使用同样的部件。对方因为有事没有及时接到电话，于是这事就搁下了。几年后一次偶然的见面，问及这件事，大梦初醒的朋友惊讶得张大嘴说："你说什么？小弹簧？怪不得呢，我当时就老想不通，干吗在厂里测得好好的机子，一到了客户那里就出问题了？看来搬运时稍稍动一下，没有弹簧就很有可能影响运作了。"可惜的是，因为产品质量和其他问题，她原先的公司撑不下去了，她也转了行业。

为了竞争，阴招损招齐出。当年的电脑硬件市场，还有着原始的贴身肉搏的感觉。

第十八章
暗箭难防第二役

1973年开始的石油危机，对王氏又是一次重大打击。公司当时要转型，早就不做计算器，公司上下正全力研发下一代的新电脑，正是最烧钱的时候，需要的现金流非常大。软件部为了减轻现金压力，接了个他们觉得不太费劲的活儿：设计一个专门帮助车行和保险行业运作的特殊软件，以期有稳定的咨询收入。不巧的是，石油危机对这两个行业都是直接打击，王氏软件产品虽然很受欢迎，销售增加，盈利却大幅缩水。同期，美股深受石油危机的影响，全场大跌，王氏面临一个接一个的坏消息，市场对其失去信心，股价开始一路下滑。到了1975年，王氏股价跌幅巨大，惨不忍睹，终于遭遇停牌，不能在公开股市进行交易。

王安遭到了开业以来最大的财政危机。可是，倔强的他还是不愿意出售他手持的一半股权，这可是他能够控制王氏的底线！思来想去，只好转向一直以来帮助公司成长的银行家布鲁克，他诚恳地说："这次你一定要帮帮我，新的机器很快就要面世了，投入很大，在这节骨眼不能断了资金。这次的石油危机对咱们影响太大了，错不在我，请你帮我撑过这阵子。"

布鲁克皱着眉头："博士你这是什么话！咱们都在同一条船上，当然要帮你，这战略性的产品我们一直都参与，不可以半途而废。可是博士，请你也替投资方想想啊，开始节流吧！我知道你肯省钱，就是不喜欢裁员，可是你看看哪家公司现在没有经历过裁员？困难时刻，资源要往重要的地方使，不重要的就只好暂时弃掉——你也是经历过打仗的人，知道什么是共渡时艰吧。"

王安知道他说得有理，也知道如果没有表示，银行这关这一次也是很难过得去，只好点点头道："好吧，我这就计划裁员。"

于是开源节流，不得不向多间银行提高借债额度，同时进行了公司第一

王氏电脑WANG 2200

次的裁员。这让从来最讨厌裁员的王安心里非常难受。后来，当公司财政状况有所好转，又开始招人时，王安马上通知人力部门："问问看，有哪些老员工愿意回巢的，我们先招他们。"于是，大部分被裁掉的员工，又重新回到王氏效力。

员工的忠诚与团体合作，加上美国式的自由和进取，王博士的远见卓识，在接下来的篇章里，有更生动的展现。正是这一群出类拔萃的工程师们的共同努力，成功地缩小了市面现有电脑的体积，大大地加强了其实用功能，也因此改写了王安公司的历史，以及美国整个电脑行业的格局。

约翰·克默雷，达茅斯大学的校长，同时也是BASIC电脑语言的作者之一，他曾经说过："在电脑高速发展史上的前二十年，机器太珍贵，太稀

第十八章
暗箭难防第二役

少。人类接触电脑，就像古希腊人接触神谕：只有特选的人才，才能和电脑做直接的交流。"

王氏即将推出的创新机子 WPS，结束了这种神秘的朝拜。在"界面友好"这个名词出现之前，王氏已经在实践了。从起步维艰的第一代电脑产品"WANG 1200"，到有史以来界面最友好的"WANG 2200"，王安敏锐地看到了办公室自动化的广阔前景，而他们所做的，才刚刚开始！

1976 年，通过 WPS 王氏文字处理系统的爆发式成功，王氏才真正突出重围，以其出类拔萃的办公产品，成为家喻户晓的世界级科技大公司。

第十九章
纵横江湖双怪杰
DR. AN WANG

王安公司内部的人才越聚越多,卧虎藏龙。有些个性独立不羁,颇有几分江湖豪客的味道。他们最需要的,还是一个能完全展示才华的大舞台。幸运的是,他们发现来自东方古国的大老板挺好相处,喜欢天才和聪明人,容许手下日日吵架却从不劝架,还特别不喜欢裁员。王博士低调勤奋,沉默坚决,事无巨细亲躬力行,行事方式就像东方大家庭里一个平日慈祥却遇事果断的大家长。

哈劳得·霍伯路是一个绝顶聪明的员工。他压根儿就不是电机科班出身的,本科念药剂师,工作后却发现自己并不喜欢鼓捣药物,于是一边工作,一边去波士顿大学念物理数学,之后又在塔夫茨大学(Tufts University,常青藤名校,在波士顿仅次于哈佛和麻省理工)拿了个物理硕士,顺便还躲过了越战征兵。他的个性天真烂漫,生活对他来说,充满了千奇百怪的乐趣。某天晚上,他拿起一个纸包,锁了药店门准备回家。在路上他被一车的歹徒跟踪,坏人们一边按喇叭,一边大喊:"把你手上的药包扔过来!"年轻药剂师的反应不是惊慌,却是哈哈大笑。歹徒们恼羞成怒,从车窗伸了一支枪过来威胁他。他这才耸耸肩,递出纸包,坏人们抱着包呼啸而去。事后问他

第十九章
纵横江湖双怪杰

■ 原专业为药剂师的电脑奇才霍伯路

纸袋里装的是什么名贵药物，他回答说：冷冻食品——他准备拿回家和老婆一起享用的几根冰棒！

霍伯路硕士毕业后一度失业，只好回到离家不远的学校，申请到一份教高中物理数学的差事。美国的中学教师工资不高，但职业稳定，受当地人尊重。他本想就这么一直混下去算了。偶尔瞄瞄招聘版，看到王安公司的"NC部门"招人，专业要求是物理。NC 原来代表 NED CHANG——公司的"一人编程部"。部长兼工程师张先生在一面之下，当天就决定雇用霍伯路。他的第一个任务是编写 MODEL 300 计算器的程序，这东西俨然就是一部小电脑，原定一年完成，可霍伯路几个月就做完了。他开始在办公室晃荡，寻找新的挑战。

挑战之一就是把专门输送到王博士办公室的冷气系统偷偷地弄转了个弯，把一部分冷风吹送到他自己闷热的办公室。对这么一个捣蛋员工，很多

老板可能不喜欢。可是王安却特别偏爱和重用他——因为他能很快地写出逻辑连贯的程序，而且比别人的更短，更具效率。在计算器大卖之后，王安还力排众议把他升任为部门头头，主管市场部。霍毫无市场经验，手下的人自然深深不服，而他脾气又特别火爆，一言不合就开骂。一来二去，怨气冲天，这下连王安也保不住他了，只好把他发配到"远景规划部"自觅生路。

因为王安不喜裁员，"远景规划部"就是专门给那些不受欢迎的人准备的，算是一种体面的遣人方式。那里不用赶项目，每一个人都在修改简历表，随时准备面试走人。

说来也真巧，在那个被主流研发部遗忘的"远景"部门，老霍遇到了公司的另一个技术天才莫劳斯。老莫在PHI时曾参与过阿波罗和双子星计划，合并到王氏后，一直对公司大家长式的管理方式颇有微词。他曾在办公室里大声抱怨："这间公司的运作，难道不就是一个中国大家庭？老板是父亲，掌管一切。我们都要做听话的好宝宝。我可不喜欢这样！"他于是乐意去当捣乱分子，看到哪里不顺眼，都要发表一番奇谈怪论。

这些听起来有点大不敬的话，不外是一些无伤大雅的小牢骚，王安本人对此半点都不在意。偏偏有些同事受不了，而且这个老莫不仅生性古怪，长得也怪，常处于一种沉思隔阂的状态，怪言怪语，人缘不够好，讲得好听就是"疯狂科学家"，不好听就是一个"怪物"。终于在又一次办公室争执中，他成了炮灰，惨被发配。

可是错有错着，霍、莫一对怪人得以在"远景"部门相遇，一拍即合，堪称绝配：二人一热一冷，一动一静，一外向一内向，一个能干一个能想，而且都真心尊重王博士，深受公司简洁实用的产品风格影响。

这对怪杰开始天马行空地想象，信口开河地设计，又借口去别的公司面

第十九章
纵横江湖双怪杰

试,仔仔细细地打探对方产品的优点特色。整整六个月,他俩在一个非常轻松,没有压力也没有人管的环境里,做着他们的美梦项目:最前沿的文字处理系统。

每天早上,他俩挤在老莫的小小方块办公室里,一个喝咖啡,一个抽烟斗,或争吵或讨论,之后把好点子都集中起来。下午,好动的老霍到处去面试:华盛顿、加州、加拿大……却不急着真的找工,更是为了开阔思路。

半年过去了,这对怪杰非但没有离开,反而给王博士献宝:一份长达96页纸,经过周详考察,思考,争辩,最后用老式打字机一个字一个字打出来的"技术葵花宝典",一份前所未有的电脑文字处理机说明书。

一般的流程是先做产品再写说明书,他们却是反了过来,把所有的美好目标先写下来,做不做得到则再说。那时的王安每天都为"1200系列"的失败烦恼,又苦于找不到新产品的突破口,翻阅过他们的新机宝典后眼睛一亮,把其他的方案全搁一边去,对两个惨被发配却忠心耿耿的爱将说:"我很喜欢,加快做产品吧!"

第二十章
横空出世办公王
DR. AN WANG

1976年6月，深夜。

麻州北郊，托斯百利王安公司大楼。

霍伯路在挑灯夜战，一个人在实验室里忙碌，挥汗如雨，分秒必争。同事们都下班走了，他们都帮不上忙，有的在干着急，有的在殷殷期待，有的却不看好这个闻所未闻的新机器——包括专管营销和服务的强势副总裁肯宁翰。眼看明天一早就要在纽约参展亮相了，要拿去参展的机子居然还没弄好，老霍还在深夜鼓捣打印系统，送货车就一直等在门外。肯宁翰又急又气，想到之前雷声大雨点小，卖得不成功却让他到处奔波灭火的第一代文字处理器"WANG 1200"更是郁闷，这次干脆来个眼不见为净："这帮家伙肯定又要玩砸了给我难堪……得，明儿我就不去纽约现眼了，找老爸打打高尔夫散散心……你们慢慢弄吧！"扔下一句"Good luck！"他就真的走人了。

这个宝贝新产品，从策划开始，就一直充满了有趣的故事。

罗斯公司总部在纽约，是一家大型的会计师事务所。王氏的销售员约克逊奋力向他们推销"WANG 1200"，对方不买账。

第二十章
横空出世办公王

"谢谢,我们不感兴趣。"客户一口回绝。

好不容易找到的一个大客户!约克逊不死心,他灵机一动,把客户直接拉去王氏在麻州总部的研发部,指着还在拼凑中的 Wang Processing System(WPS):"看!你们觉得这个新机子怎么样?"

客户的眼睛亮了:"你们真的能按时把这机子做出来?"

得到肯定的答案之后,客户开始不断地提问题,提要求,到后来还签了购买合同。因为王氏在此领域名不见经传,客户要加签保护合约:即使日后做不出来,公司破产,起码能拿回本钱。

那还是1976年1月时的事,罗斯公司在没有看到WPS的成品前,就奉献了此前王氏历史上最大的一笔买单:六位数美金的订单!而现在已是六月,明天就要在展览会上向全世界公布了,机子竟然还没有全搞定!

直到货车要开走之前十来分钟,霍伯路总算把打印系统弄好了,他长舒了一口气。

这部全新的WANG文字处理机,凝结了霍莫二杰(软件),王博士,还有另一位硬件精英段宁的沥沥心血。一开始的设计就非比寻常:为了提高速度,他们把一个微处理器放到每一个分机的芯片上去,也就是说每个屏幕后都有一台迷你电脑。这种做法在今天是天经地义,可是在只有一个主体机运作的大型电脑时代,这种创新无疑是革命性的。

事实上,这种技术就是多年后风行一时的LAN(局域网)系统。只是他们当时可没想到那么多那么远,一心只想要提速和灌入梦想中的功能。一般的电线达不到他们的速度要求,精通硬件的王博士就提出用一种同轴电缆完成。连屏幕也是革新性的:这种CRT屏很像今天的PC屏幕,可以显示半页纸的文字,跟其他只能显示一行字的产品相比,高下立现。

人们争着尝试新的文字处理系统WPS

WPS最革新性的贡献，是将曾经被仰视的高大上的电脑，变成亲切的工作帮手。因为有屏幕显示，人与电脑的对话，才真正开始。

今天，我们早已熟悉了PC，Pad，Cellphone，大屏幕小屏幕，而在电脑上写文章，改动，存档，好像天经地义，早就该如此。可是回到1976年，那可是开天辟地第一回，人们看到可以在屏幕上写字和改动，那激动的心情，可以想象。

最最重要的，是这部新机子能帮助各行各业更好地处理每天面对的最基本工作：打字，修改，储存，打印……简单易用，外形讨喜，体积迷你，可放到世界上任何一个办公室的任何一张桌子上。

想一想每天要处理几万个数字的会计师的反应，每天要面对千万份文

第二十章
横空出世办公王

件的政府人员的反应，还有那些天天要和文字、数字及各类信息打交道的秘书、律师、教员、文员、医生、工程师……

纽约的展会开幕才几个小时，兴奋的人们挤满了纽约希尔顿酒店的展览大厅，挤爆了王氏参展的小小亭子，他们热切地提出各种使用问题，急切地询问拿货日期，甚至想抱走刚刚面世的两台参展机器——尽管它们刚刚拼凑好，漏洞百出。

一天下来，全体参展的员工都累瘫了，嗓子也哑了。江湖告急！纽约区的整个销售团队二十人，紧急集合，星夜受训，第二天临阵磨枪，硬着头皮面对来自花旗银行、大通银行、Mobile 等大客户的连番盘问。谁都在问什么时候有货，和他们同样心急也同样无知的销售们挤出笑容，模棱两可地回答："很快，很快！"

点子百出的销售员约克逊，这次又出新招：他本来已经在展销会前和埃克森（Exxon）谈好了合同，却灵机一动，把签约会放到展会当场，这有点像现如今的卖楼展销一样，现场签大单，在现场制造出轰动效应。

一举成功！而且成功的程度出乎所有人的想象。肯宁翰当晚听到消息，赶紧扔了高尔夫球杆，第二天天一亮就赶到纽约谈大单。销售人员谈得满脸红光，技术人员忙得人仰马翻，全都没有空吃午饭。王安如往常一样，叼着烟斗，打着领结，表面平静，内心激动，踱步微笑地看着眼前的热闹。老实说，他也没想到这个新产品会如此受欢迎，而公司终于转型成功，走出了"1200"失策的阴影，他由衷的高兴！三天的展览会过后，他没有像往常一样拉大队到平价的中餐馆庆祝，居然点头去了曼哈顿花园大道中最昂贵的西餐厅，让兴高采烈又疲惫不堪的员工们大肆庆功。

这一役之后，WANG 品牌插上了成功的翅膀。在往后数年，王氏精品

▌广告语:"王氏——办公室自动化电脑公司"

频出,推出的许多新产品都受到市场热捧,在文字处理器系统这个大领域一骑绝尘、笑傲江湖,在最高峰时占领了美国80%以上的微机办公市场。IBM被打了个措手不及,反应奇慢,用了差不多三年的时间才做出了一个勉强能竞争的相应产品。之前王博士决定要进入该领域的时候,多数人都以为他疯了:因为IBM是当时唯一的大霸主,谁敢轻易叫板IBM?王氏一战成名!

　　王安本人无疑是个技术天才,公司的成功却是仰仗了一个坚实的团队。除了上文提到的霍、莫、段等技术干将之外,浮出水面的还有销售天才肯宁翰。正是他,让一家名不见经传的技术公司变成家喻户晓的全球品牌公司;也正是他,在日后上演的王安传宗接代的惨烈争斗大戏中,成为主角之一。

第二十一章
古城又春风
DR. AN WANG

罗威尔——还记得麻州北部那座沉寂已久的历史古城吗？

这座城市的名字取自第一位从英国引进发电技术的商人：比尔斯·罗威尔。

罗威尔纺织业的成功鼓舞了美国工业界。很快，各地纷纷效仿这种规模化、机械化、工序化的新做法，在各行各业与工业老大英国一争长短，开始发展自己的工业，真正摆脱英国在其经济上的阴影，独立自主。

罗威尔因此名噪一时，各地来工作、寻找发财机会、取经、观光的人群络绎不绝。在麻州任职州长十几年的杜卡基斯，他的父亲，15岁时还远在欧洲的希腊，在街头找工作时被罗威尔的工厂代理说服，于是和其他血气方刚的年轻人一起，挤上船穿过大西洋，去罗威尔的厂房当工人。受到父辈——第一代希腊移民白手兴家的影响，杜卡基斯的一生，也是非常努力，勤劳而且节俭。

直到现在，在古城临河的国家纺纱博物馆里，你还会读到这样令人兴奋的诗句：

DR. AN WANG
电脑大王王安传

　　前进的城市

　　像阿拉伯童话里遍地的宫殿

　　一夜间

　　红砖广厦林立

　　把雀跃的人群

　　带入新的世纪

可是，当二十世纪的钟声真正敲响时，却没有给这个城市带来期待中的雀跃。风光一时的波塔奇河，再也推不动财富的水轮了。波河畔的早期工业之光，开始迅速黯淡。

▍19世纪的罗威尔，红砖厂房林立

第二十一章
古城又春风

二十世纪的美国，随着政治的稳定，版图的扩张，各种能源的开发和使用，大量的优质廉价的移民的不断涌入，工业发展一日千里，跟不上变化便被淘汰。在纺织业这个领域，先是南部的棉花原产地奋起直追，火力发电被广泛使用，对地理条件要求严格的水力发电不再吃香。到了 20 世纪中期，行业转到了人工更为廉价的美国境外，如墨西哥、韩国等地。中国改革开放之后，更渐渐以其综合优势，成为纺织制造业的老大。

不进则退。当美利坚的其他城市一日日走向强盛，罗威尔却一天天走向沉寂，走向贫穷。

幸运的是，这座早被遗忘的纺纱边城，还有第二个春天。城市的面貌，将会随着王氏总部的正式入驻而改变。

话说王安早在 1964 年，就独具慧眼地买下了托斯百利镇 30 万平方米的土地——相当于 72 个美式橄榄球场的面积。所有人都以为，有这么大的地盘，从此就不用再搬了吧。

可是，当 WPS 文字处理系统呈爆发式成长后，这片拥有多栋高层建筑的大园区也越来越不够使用了。最先告急的是仓库。若是把仓库在原地扩充 5600 平方米，算算账，要把小树林的林木全部清空，加上修路、盖楼，怎样也要花一百多万美金才能建成。邻近的罗威尔城听到王氏又要盖大楼的消息，及时伸出橄榄枝：愿意用原价五分之一的价钱，给王氏提供更大幅更优良的工业用地。

罗威尔作为麻州一个比较大的城市，当时的经济实在是糟，有着全美国最高的 14% 的失业率（实际数目比这个官方数字还要高）。为了摆脱贫困，政客们殚精竭虑，非常想参与到 70 年代令人兴奋的科技大潮中去。于是，上至麻州州长、参议员，下至罗威尔市长、区长，轮番登场当说客，希望王氏

能搬到罗威尔去。

　　1975年一个晴朗的春日，王博士和公司的几个高管，亲自到罗威尔看地盘。他看到的是一座四层楼高的乳白色建筑物和周围一大片六万五千平米的工业土地。不远处，就是古老的罗威尔中城，绕着城市流淌的玛丽麦河。故乡昆山的回忆竟然在这遥远的北国之地重现：流长的江河，陈旧的历史名城，古老的青石板路……好像冥冥之中，命运的巨轮又把他载回到亲切而熟悉的起点：有山有水有故事的古镇。尽管远隔重山重洋，他对故乡的热爱，却是从来未改分毫啊。

　　于是很快，王安博士用一百八十五万美元的价钱，买下了罗威尔城区那整片的土地，兴建公司新的总部大厦。托镇的大楼物业，则用作生产线、仓库、工厂等。1976年，为了欢迎古城新客，麻州的政商名流齐集罗威尔，举办了一场相当威风的扩张典礼，当时的麻州州长爱德华·金，参议员保罗·桑

■建于19世纪的挺拔的市政府大楼，罗威尔中城，麻州

第二十一章
古城又春风

格斯（后来成为王氏董事之一），都赶来参加这次典礼，并表达祝福。一年后，原来的四层楼不见了，取而代之的是全新的，比罗威尔古城所有的建筑物都高、都时尚的王氏总部大厦。楼高十二层，是一座有着现代电梯和最新设备的漂亮办公大楼。

员工们也再也不用为午餐发愁了。新大厦有餐厅、护士站、托儿所、健身房……和托镇那几栋简陋难看的大楼相比，新的大厦就像鸟枪换炮，豪华时尚，焕然一新，让所有的员工自豪感顿生。大厦的旁边更有各式餐饮店入驻。每晚自黄昏开始，大厦旁边的99餐厅（一家高档美式连锁餐厅的名字）车水马龙，王氏员工来吃饭的，各种理由聚餐的，喝酒的……一直热闹到凌晨。

扩张，再扩张！王氏此刻进入了疯狂成长模式，从1978年到1983年，员工从四千人乘上六倍，扩大到24800人。每天都有成群的新人来受训上岗，其中不乏聪明的、充满了理想和能力的年轻人。按他们的说法："来这里工作真兴奋，就像身处在台风眼里——最棒的科技创新就在这里发生！"

在这些优秀的年轻员工里，包括许多未来的影响世界的美国高科技领袖——思科总裁、EMC总裁、麻省商会主席等。在王氏最风光的十年，其新颖、实用、简洁、友好的产品理念，实实在在地培养了美国本土一大批的科技健将。

第一座王氏大厦很快就被员工填满了，新的一翼又破土动工。两年后，第二幢大厦建成，从三万平方米的办公空间，扩大到将近二十三万平方米（七倍于前者）的大办公楼。王安博士也终于有了属于他的总裁专用顶楼办公室：167平方米的偌大空间，宽大的办公桌，真皮沙发，落地长窗。工作累了，转身远眺，能看到古城里的红砖磨坊厂房，远方新罕布什尔州的黛色远山，波塔奇河上的美丽落日。

王氏总部大厦的兴建，还有其他公司的跟进入驻，终于让这座充满了旧世纪回忆的罗威尔古城，走进现代的风光。科技、人才、资金和蓝图，重新回归。几万个年轻人的到来，让城市充满了重生的喜悦。久违的信心和骄傲，在一座座新建的有着豪华别墅的年轻有活力的社区中重现。王氏入驻十年后，当地失业率大幅降低3%，成为全美失业率最低的地区之一。为此，城市最大的私企雇主——王安公司，居功甚伟。

当年，为了迎接王氏这个大户的到来，古城不但破了城中楼高不能高过八层的规矩，还专门在跨州3号公路旁开辟了一段新的高速公路互通枢纽用以输导往来波士顿方向的车流，又在中城盖了一家全新的希尔顿星级酒店以迎八方来客。员工就近买地建房，盘活了一方地产；罗威尔大学工程和电脑系实力陡升，众多新生包括亚裔学生慕名而来，更是吸引了大量的港台国际留学生前去就读。

当时大力游说王安乔迁总部的麻州州长杜卡基斯，在2016年提起当年往事，因为王氏入驻而带来的城市版图变化，穷乡变富，仍然充满了感激："整个罗威尔社区，许许多多的人，其实都应该感谢王博士。"

麻州从此进入了高速发展的黄金十年。遍布495号高速公路的众多高科技公司，被州长杜卡基斯统称为"麻省的肌肉"，而最出名的王安公司和电子仪器公司（Digital Equipment），正是20世纪70年代麻州经济起飞时，最得力的左膀右臂。

第二十二章
猛将如云日中天
DR. AN WANG

1976年年底，王安公司在文字处理器大获成功之后，又推出极受市场欢迎的VS微机系统和2200型微机，三驾马车齐行。自此开始，一直到其鼎盛的1983年，王氏享受了一段令人惊叹的、点石成金的飞速发展时期，连续三十季以每季不低于30%的速度持续迅猛发展，势不可当！在短短的六七年间，公司业绩跃升了十倍，从一家名不见经传的技术公司，成长为营销上百亿（相当于现在的千亿）的美国大企业——赫赫有名的"麻省肌肉"高科技明星之一。全球雇员从四千人猛增到近三万人，每天都有新员工成群结队地前来报到。王氏的股价从1976年的每股6.75美元，飙升到1983年的每股800美元，风光无限，如日中天。

在那个年代，王氏的产品是超前的，设计和功能都极富创意，又能贴近用户，真正帮上他们的忙。市面上的其他产品，要么太贵太复杂，要么根本没有多少功能，王氏找到了很大一块市场空缺，还没有强手的竞争，受到市场欢迎是必然的。王氏的机器小而灵，功能齐全，价格合理，从根本上改变了客户的使用习惯：哦，原来高大上的电脑可以这样简单好用的，太棒啦！

王氏首推的文字处理器，确实具有非凡的划时代的意义。它事实上缩小了当时流行的电脑体积，让人们不再迷信电脑体积的大小。在功能上更是大大加强，用户界面友好，价格合理，把打字、编辑、存储、打印、计算等等重要的功能集于一身——所有的这些革新性的创意，为日后个人电脑的大流行铺好了道路。从此再也没有任何人或者机构，愿意回到 WANG 流行之前的世界：没有屏幕显示，又没有编辑功能的电脑"黑暗时代"。王安领导下的研发团队，不愧为当时最出色的一代电脑软硬件翘楚！

直至几十年之后，在美国《程序员》杂志的一篇分析文章里（发表于 2016 年 3 月 3 日），主编相当客观地指出：从王氏最初的热卖产品 LOCI 计算器开始，王安公司事实上就把一部分属于电脑的功能，转放到其产品上，而且每一次的更新都是一次技术进步：编写程序，模块化，功能键，等等。到了 WANG 2200，分明就是一台迷你电脑，开机后可以运行 BASIC 电脑程序。王氏却只是称这个产品为"电脑化的计算器"，而不是直接就称之为电脑。这篇文章认为：王氏是让电脑从大型机转为小型机的主要推手，虽然一开始，并没有明显地作为多功能电脑来推广，可是事实上，从计算器到文字处理系统，王氏产品就是个人电脑的始祖。

市场总是青睐创新！能做出有轰动效应的革命性产品，从来都是每一家企业梦寐以求的目标。

几十年过去了，电脑硬件市场的辉煌已成尘烟往事，回望也因此变得更加明朗公正。近年越来越多的文章和研究证明，现代电脑的发展，从大型机到小型机，王安公司确实功不可没。而王安"电脑大王"的绰号，事实上，也没有取错。

回到 20 世纪 70 年代末、80 年代初的王安公司。成功的兴奋遍布公

第二十二章
猛将如云日中天

司的每一个角落，成长的预期温暖了新英伦最冰冷的寒冬。托斯百利镇那占地三十万平方米的几栋办公大楼早就人满为患，楼下的数条生产线日夜开工还是不敷使用。罗威尔城中一片近六万五千平方米的广阔工业用地，王博士刚开始还觉得地皮太大，烧钱太多，虽然点头同意全盘买下，心想慢慢扩建总可以吧。可是新的总部大厦很快就兴建起来了，越盖越高，越盖越美好，直到给主楼添好了双翼，像白色的天鹅一般，优雅地迎立在奔流不息的玛丽麦河畔。

这一切的成功，少不了一个优秀团队的倾情付出。王安博士无疑是这家公司的灵魂和中心，他一直掌管着 R&D，对每样产品的研发和推出有着直接的决定权。可是很多的具体工作，包括一开始的产品立项和最后的成品推出，都落在三驾马车的操作人身上：主管文字处理器的霍伯路、主管VS（微机操作系统）的西高尔和主管微机2200的浩克。他们三人都聪明绝顶，个性十足，又互相瞧不起，聚在一起时总是吵成一团，争资源，护手下，

▎主管文字处理器的霍伯路　　▎主管WANG VS微机操作系统的西高尔

▌王安在自己的电脑产品前

从来达不成一致意见。王博士不介意也不偏帮，任他们去吵去争，而在这过程中他总能在这三角关系中找到微妙的平衡点，或者嗅到最有利的新产品信息。俗话说，一个好汉三个帮。王安与他在研发部的三个手下，虽然个性和习惯都大不相同，但他总能处理得很好，让备受争吵才能推出市场的每一样产品，最终都广受欢迎。

王氏的董事会更是名人荟萃，都是当年政商界的要人名人。王安本人，则成功地跻身为美国上流社会的一员，一举一动都受到各界关注。

那时谁都觉得，王氏是美国成长最快、福利最好的公司之一，它会一直这么成长下去。

DR. AN WANG

龙争虎斗

在自命不凡又能力出群的美国儿子，和血统正宗却能力普通的中国儿子之间，上演了一出惨烈的、两败俱伤的夺权大戏，这也成为王氏由盛转衰的一个关键转折点。

第二十三章
鸿沟难越两代间
DR. AN WANG

　　王安和文霭共育有三个孩子,两男一女,他们从小到大的成长过程,也就是王氏公司从小小个体户,发展到全球大企业的过程。

　　长子王烈(Fred Wang)1950年出生,他的童年,正是王安草创公司最艰难的时候。到了王烈上小学时,王家搬到剑桥市,他妈妈觉得那儿的

▌王安林肯镇宅邸鸟瞰图

第二十三章
鸿沟难越两代间

公立小学不够好,于是付高昂学费,把他送去一家名叫"荫山"的私立学校接受教育。随着老二老三的相继诞生,房子的空间又不够用了,于是王家又搬了一次家,这次定居在波士顿郊区林肯镇,从此他们安居乐业,没有再搬。小镇林木葱郁,山清水秀,更毗邻美国历史名城莱克星顿和康克,以昂贵地产和优秀学区闻名一方。王烈却不愿转学,就在剑桥附近的"荫山"私校读到初中毕业,高中则转到新布罕什尔州的老牌私立名校"圣保罗"。那是美国东岸一所有百年历史的贵族高中,1971年前只收男生。在那个时候,有钱的亚洲面孔很少,王烈虽然努力融入主流,有时还是觉得很孤单。他的同学们,暑假时全家去地中海的沙滩度假,寒假去阿尔卑斯山的雪峰滑雪,穿的衣服都是订制的意大利名牌,甚至连家里的家具,都是从巴黎的最新家具展买来的新货,或者从佳士得拍卖行拍来的古董。王烈每次去同学家里,对比自己家里简单的家具、从来不休假的父亲,心里真有些不是滋味。

王烈的整个成长过程都还算顺利,他学业优良,理科成绩很好,足球也踢得不错,在学校里虽然不是风云人物,但总的来说还好,和老师同学都相处得不错。尽管那时王家已相当有钱,社会上对华裔的种族歧视也少多了,可王烈身处那些腰缠万贯又自我感觉良好的世家子弟之间,在新旧财富的微妙对比之间,总觉着有些格格不入。

在他大概八九岁的时候,王安问他:"想不想去布鲁克林(紧邻波士顿的一个镇)上周六中文班?"

这简直就是白问,哪一个小孩愿意放弃周末的卡通片,一大早跑老远地去上枯燥艰难的中文课?小王烈以一个大大的"No!"作答。

王安松了口气:"也好,我周六还要去罗威尔加班,刚好是布鲁克林的反方向呢。"

于是乎，父亲去加班，儿子看电视，着急的只有妈妈。

王太太是一个很重视小孩教育的人，她坚持让孩子们上最好的学校，受最好的教育，拿最好的成绩。这样的坚持有时甚至引发家庭冲突，让叛逆期的王烈很是反抗。王安忙于事业，小孩的事基本不管。他想到了自己的少年，自小在外求学，一切靠的都是自己，主意都是自己拿，父亲也就帮他缴了几个银圆的学费而已。儿子慢慢长大了，总有他自己的挑战，他自己也会想办法解决的。总而言之，和关注细节的太太不同，王安待孩子们很宽松亲切，还很民主，是个不怎么爱操心的慈父。他更愿意把所有的时间和耐心，都投入到无止境的工作上。

王太太喜欢社交，常常和其他上海太太们通宵打麻将，话题谈到孩子，有太太就说谁谁谁的孩子真有出息啊，考上哈佛了。王太太心想，我先生本来就是哈佛校友嘛，儿子念不上可太没面子了。就常在儿子耳边念叨，要他好好读书，不要花太多时间在体育和其他活动上，这让爱玩、爱踢球，正处

■ 美国东岸贵族名校，圣保罗私立高中

第二十三章
鸿沟难越两代间

▎王安与其长子王烈

于青春期的王烈很不以为然。

王烈在圣保罗的物理和数学成绩很好,文科却一般,结果他没被哈佛大学录取,去了另一所长青藤名校——布朗大学。那所东部名校的氛围远远没有充满学究气的哈佛大学严肃,王烈顿觉呼吸顺畅,如鱼得水,很是喜欢。可是几个月不到,他就发现他母亲正在全力帮他办转校,她还是希望他能上哈佛。两代之间酝酿已久的冲突终于爆发了。

"我读得好好的干吗非让我转学?"王烈冲他妈妈喊。

"那都是为你好!"性情温和却意志坚定的妈妈答,"你难道不清楚哈佛的金漆牌子对你有多重要吗?"

"牌子!你只在乎牌子!"忍耐多年的王烈终于爆发,"是我本人重要呢还是那张破牌子更重要?"

王太太被他的反驳堵得无话可说。双方都希望得到王安的支持,一直

沉默不语的王安终于发话了，说尊重儿子的选择，王太太只好叹了口气，不再坚持。王安虽然也可惜儿子不去哈佛，却在心里暗想："IBM 的总裁小华特生上的也是布朗大学，毕业之后还变得能干稳重了，说不定这学校真的更适合王烈呢？"

王烈争取到了自由，非常开心，回校后在学业选择上更是随心所欲。他在布朗大学待了五年，换过八九次专业，最后无可奈何地被锁定在商学系。在事业上他毫无野心，不太清楚自己究竟适合干什么。走到哪里，他都背着"王安大儿子"的标签。他不喜欢这个标签带来的压力和期待，可是他心里一直明白，这是与生俱来跑不掉的。只要他愿意，总有一天他会从老子身上接过这副担子，成为蜚声国际的王氏企业继承人。

是的，尽管王安忙于工作，沉默寡言，放任儿子，在他心里却有着同样的默契。王氏的股权不可能旁落外人手，这是他一直以来的坚持，也是他以前相信外人上当后得来的沉痛教训。当年，因为不知道股票会值钱，他把 25% 的股权轻易给了只出了一点点小钱的合作方，为此他一直耿耿于怀，深深后悔，发誓不再重复那样的错误。

王烈含着银勺长大，从高中二年级开始，就在王氏打暑期工，最先是在装配生产线，后来一点点地上升到从生产到研发到销售的各个部门。王安意在让他有一个全方位的概念，熟悉每一个部门的运作，良苦用心可见一斑。

1973 年，大学毕业后的王烈开始在王氏全职上班，先当上电脑程序员，然后一步步地按着父亲为他制订的事业轨迹迈进。王安见儿子也还算听话孝顺，松了口气。可是他无论如何也想象不到，在家里演练过的横亘在两个世代之间、两种文化之间的激烈争执和冲突，会很快地在公司重新上演，而且，来得千百倍的复杂，千万倍的猛烈。

第二十四章
不姓王的美国儿子
DR. AN WANG

肯宁翰是个销售天才。

他出生在波士顿郊区的普通中产人家，从小就很聪明，能说会道，左右逢源。他是爱尔兰人后裔，勤奋坚定，野心勃勃，渴望成功。爱尔兰人作为美国最早期的移民族群之一，在波士顿非常有势力，出了很多成功的后裔，他们之间最出名的一位，就是出生成长在波士顿附近，备受国人热爱却不幸被暗杀的美国第三十五任总统约翰·肯尼迪。

平民出身的肯宁翰却没有什么家世背景，却有着渴望事业成功的雄心壮志。从小他就认定,总有一日他会出人头地,比份属中产的父辈过得更好。为此他一直努力，文理兼修，把握机会。他在高中时就把IBM的电脑课程全部自学了一遍；上大学，他去了给他全额奖学金的波士顿学院，之后考上了哈佛商学院，却选择在另一所长青藤名校达茅斯学校拿了个MBA学位。学历之外，在王安公司，肯宁翰终于找到了能够让他全面施展才华的舞台：因为老板王安是个沉默寡言、移民不久的东方绅士，正需要一个外向能干、能言善辩的本土美国人来互补。于是，颇有野心和干劲的肯宁翰，在片言只语中努力揣摩老板的意图想法，再凭着自己的天份和努力，一样样地，把老

板的心愿变成现实。

王安的英语有浓重的中文口音，手下有些时候就听不太明白，可是又不好意思去问，好像显得自己不够聪明，就只好猜测他的意思。这样子做起事来，总会有些地方不够到位。肯宁翰却很认真，听不懂也不怕问，而且一问再问，直到全部弄清楚老板的意图后，再努力去做，事情就完成得很完美。另外他还认真参悟东方文化，知道很多时候沉默是金，多一句不如少一句。于是在官方场合，他很努力地把自己天性里张扬跋扈、爱笑爱说的那一面压制住，努力地和老板配合默契，不该张嘴时，就在旁倾听，思考。他甚至跟朋友们开玩笑说："在白人里面我算是最中国人的了。"于是很快，他的聪明和努力赢得了王安的信任，他成为王家特别看重和倚赖的得力干将。

肯宁翰加盟王氏不久，就和他的老板一样，没日没夜地拼命工作，一般人以为是他有升职赚钱的野心，却不知道他内心难言的痛楚：他的年幼儿子因为交通意外，不幸成为植物人；他的妻子受不了那样的打击，天天坐在儿子身边以泪洗面，或者不停向其他亲友哭诉。肯宁翰心里同样异常痛苦，可是对一个硬汉来说，疗伤的方式就是狠命工作，忘记家里的压抑和悲伤。这个方式非常奏效，于是他与博士同步，也成了没有休息的工作狂。

在他升为销售总管后不久的 1975 年，王氏还是一家不为人知的技术公司。过了两年，王氏推出了划时代的新产品——文字处理系统 WPS，有了业内的叫好，可是对于一般大众来说，知道的人还是非常有限，远不够叫座。作为一个消费者产品，WPS 需要一个良好的广告平台，才能被世人所知。

做广告的渠道很多，可是怎样才能最有效呢？

思维活跃，又敢于尝试的肯宁翰，不停地与手下商量，大家也是主意多

第二十四章
不姓王的美国儿子

多,七嘴八舌,却没有特别出彩的。

这一天,肯宁翰和广告界的熟人头脑风暴,终于想到了一个双方都拍手的好点子。第二天一大早,他就跑到王安的办公室,兴奋地提出一个新主意:"博士,要不要试一把推广的妙招?"

博士头也不抬:"什么新招?又要花大钱的?"

"嗯,是要花点钱。可是保证有效果。因为别的公司都不敢做。"肯宁翰说。

"哦?"王安终于停下笔,抬起头,看着这位聪明肯干,创意多多的年轻部下。

"我们要把WPS弄上电视,打广告。而且上电视观众最多、最有影响力的广告——橄榄球超级碗决赛,中场秀时的黄金时段广告!"肯宁翰兴奋地说。他想到的是一记最费钱、也最富挑战性的大招!

当时除了IBM,还没有哪一家电脑公司在电视上打过广告。王博士不喜张扬,用钱又谨慎,而且一上就是超级贵的超级碗广告,还要在更金贵的中场秀,刚想张嘴回答说:"No!"

可是话到嘴边,转得更快的思维却大声抗议:IBM能打广告?为什么我王安不行?

于是,在1978年的美式橄榄球超级碗决赛当天,近中场秀最黄金的广告时段,出现了这样一段30秒的广告:

一位大腹便便的总裁在大声命令手下:"快去那家巨无霸公司买部小型电脑。"他冲着会议桌的另一头道:"没有人能打败巨人的,对不对啊,大卫?"

小个子的大卫在另一头微笑作答:"先生,还是买王氏电脑吧,他们的小型电脑做得比谁都好,正是巨人杀手呢!"

▎王氏另一则著名的平面广告："我们比 IBM 更饥渴；我们比 IBM 提供更多功能。"

　　这真是一则既聪明又直接的广告，巧妙地利用了小大卫打败大巨人歌利亚的神话故事，直指王氏的电脑产品灵巧强大，不输 IBM。任谁都看得出，大卫就是专做小电脑的小公司王氏，巨人就是专做大电脑的巨无霸 IBM。

　　这则绝妙的广告播出后，获得了空前的成功。在广告播出前，WANG 品牌认可度只有4.5%，播出后一夜之间，认可度飙升到16%！短短时间内，王氏品牌开始变得家喻户晓，销售人员笑逐颜开。他们带回来故事说：本来大公司的接线生谁都不愿转接冷不丁的销售电话，这回接到王氏的销售电话，竟然说："噢噢，我记得了，你就是超级碗广告里的那个小大卫。请等一下，我现在就帮你转去购买部的经理办公室……"

　　而肯宁翰，在一次又一次成功的运作中获得了王安彻底的信任，俨然成

第二十四章
不姓王的美国儿子

了公司的对外发言人。他马不停蹄地处理公司一切的对外事务：销售、公关、市场策划，甚至出席华尔街投资人的例会。

王安夫妇曾经对他说："你就像我们的美国孩子。"

那时，王烈还没有正式出场。他还小，刚念完大学不久，还在公司的各个部门实习，做一些低层的工作。

终有一天，在自命不凡又能力出群的美国儿子，和血统正宗却能力普通的中国儿子之间，会上演一出惨烈的、两败俱伤的夺权大戏。

肯宁翰管理的王氏销售部，喜欢找一些天才型的，不拘一格的员工。他们可以日夜连轴转地工作，也可以发疯地玩。这和 IBM 的销售团队是个强烈对比。IBM 的销售员，总是西装革履，文质彬彬，训练得体。王氏的却是随性随意，自由发挥。可是很多优秀的销售员都愿意去王氏工作：因为佣金高达 5%，而 IBM 只有 2%。

钱多人猛！王氏销售部于是吸引最多新人前来，同时也能最快刷走新人：两个季度不达标就得走人。大浪淘沙，能够生存下来的，都是有能耐，点子多，创意十足的销售人才。后来成为王氏最年轻副总的迪克，回忆起他刚参加培训时有一百人，五年后，四处一望，同届剩下的只有他一人了。

在肯宁翰领导下的王氏销售部，能为公司（当然也为自己）拉销售是终极目标，于是大家都盯着财力最深厚的 1000 家公司，努力打进去。员工没有行为规范，都是自由发挥。为了单子，员工之间互相攻击，喝酒饮醉，干架，都不是奇事。IBM 的主管连一杯啤酒都不敢给员工买，王氏的主管却把最贵的名酒都带到餐桌上去。

销售额和公司利润是两个概念，利润关乎股东财富，肯宁翰只拥有不算太多的员工股，没有控股权，所以特别愿意把重点放在销售额上，多赚佣金。

■ 格鲁顿乡村俱乐部，曾是王氏物业

至于花钱，他当然特别愿意花，点子也特多。毕竟利润不是他最关心的，只要不太离谱，对产品销售有帮助，博士也总是由着他。这份信任让他充满干劲，也更加野心勃勃。

当然王博士也不是笨人，他可不能容忍那帮疯狂的销售人员无止境地索取佣金。精于计算的他为那帮狂人们的佣金设计了一个平方根算法，让他们互相竞争，也推动整个销售部门的竞争力。具体算法是：如果 A 的年增长率为 100%，平方根为 10，那么他的佣金就是一个 0 增长率的同事 B 的 10 倍。由于多数销售员的增长率都不可能为零，这样互相拉扯，加上 5% 的底数，大家的佣金都很高，但是特别高出一截的就凤毛麟角了。王安把规

第二十四章
不姓王的美国儿子

矩定好，在心里暗笑：这就叫魔高一尺，道高一丈吧。

佣金的事就这样搞定了，肯宁翰还有更多层出不穷的点子，鼓励销售们好好干，多劳多得。当然，这些点子都是要花钱的，花大钱的！

1980年，王安60岁了，因为投身慈善，社会活动多，分身乏术，也想逐渐让位给下一代，遂安排退休大计，开始淡出公司日常。他先是把研发部门R&D交给儿子管，想到儿子还嫩，需要时间磨练，就同意把公司总裁的位子先让给肯宁翰坐坐，作为过渡。他自己，则在1983年退身保留一个董事长的身份。

1983年，王氏董事会批准肯宁翰当上总裁（CEO）兼公司营运总管（COO）。消息一经公布，肯宁翰喜形于色，当晚就拉了手下一大帮人，到波士顿港口的一间酒吧喝酒狂欢，折腾了整个通宵。他觉得他天性里活泼爱闹又外向的一面，终于不用遮着捂着，终于能够由着性子在公司撒欢。禁锢消失，这让他感到很爽，很痛快！他和一群手下，在酒吧的单间庆祝狂欢，喝高了，还举起酒杯高唱爱尔兰民歌：

> 我星期五晚上回家，
> 喝得大醉醺醺，
> 我看到床上有一个脑袋，
> 我问我的妻子说：
> 请你告诉我，
> 床上的头是谁呀，
> 我的脑袋才应该在那儿呀。
> 哦，你醉了，你醉了
> 你这个老傻瓜，

你竟然看不到。

这是一个小男孩,我母亲家里来的。

好吧,我或者旅行了一天,走了一百英里或者更多,

但是一个小男孩与他的胡须,我肯定,我从来没有见过。

……

一群人唱毕,哈哈大笑,就像歌里唱的一样,东倒西歪,醉醺醺地回家。

肯宁翰大权在握,公司产品热卖,业务蒸蒸日上,股价一路攀升,他没有忧患意识,又不是大股东,于是随心所欲,花起钱来更是如流水。想买飞机,博士不同意,于是最大的花销,变成了每年的"王氏成功者之行"。这个奖励项目由来已久,本来只是公司出钱,让优秀员工在美国当地游玩几天。肯宁翰上台之后,在这个项目上不设限额,只要能完成当年的销售计划,销售员工就能带上配偶,在全球最昂贵的地方连玩五天,全部费用由公司出。

于是,1983年在伦敦,几百位兴高采烈的王氏员工包下了整个剧场,整家餐厅,整个观赏点。

1984年在罗马,公司花了三千六百万美金,举办了一个长达四天的长袍跳舞联欢会,因为节目太过疯狂,甚至还成为新闻,上了当地的报纸。

所到之处,过千元一客的晚餐,加长的豪华车,直升机,直达包机,球场里、戏院里最贵的包厢,餐厅里最贵的名酒,都在他们的账单里面。

王安不喜浪费张扬,问肯宁翰这样做值得么。他振振有词,向从不好这口的博士解释这些奢侈用度:"公司花钱,每年这样风风光光到全世界各地去玩,就是对销售员最好的刺激和奖励。让他们有动力,卯足劲,玩过之后,明年能有机会再去!"

第二十四章
不姓王的美国儿子

■ 1976年的王氏"成功者之行",肯宁翰(左)颁奖给员工

确实,"成功者之行"是一个特别受欢迎的活动。连带员工的配偶们也兴致勃勃,偶尔会问问:"今年你干得还行不?咱们还有机会再去玩么?"如此,给员工无形的压力,非常努力地去实现目标。

肯宁翰对员工都如此大方,对自己,当然更不能太差!

王安习惯了一边开车,一边想事,特别是在他觉得安全的区域,常常无视周边的牌示指令,搞得险象环生,让旁人捏一把汗。从70年代末开始,公司为了安全考虑,给年龄渐长的王博士配了一部加长奔驰车,还配了司机,供他上下班用。可是那车太长,太闪耀,太招摇,王安不喜欢,就改坐外观普通,没有加长的一般奔驰车。肯宁翰很自然地把那辆加长车揽为己用,每天早上从西顿的家里出发,在车里享用早餐,看报纸,看早间的电视

新闻。他才40岁出头，就过上这样的上等人生活，感觉非常良好。

肯宁翰还想买一架公司专用飞机，方便到处去。王安不同意，因为他本人不爱飞，觉得毫无必要。务实的博士反而同意在总部和分部开办员工托儿所——非常完善亲民的管理，设施应有尽有，服务时间长，成为其他公司的羡慕对象。当时，这种服务也算是在员工福利方面的创举，王氏因此多次被权威杂志评为全美"最受欢迎的雇主"之一。

其他的员工福利，还包括一家高级会所——格罗顿乡村俱乐部。这个拥有9洞高尔夫球场、游泳池、网球场、餐厅等高档设施的北郊乡村俱乐部，被王氏买下，成为员工每周的派对、联谊聚会地点。

现已年过半百的格夫对此记忆特别深刻，那时他还是个高中少年，在王氏的生产线上打暑期工。每个周末他都混进那个会所参加派对：多数是提供烤肉、热狗、汉堡包的部门聚餐，也有很多体育文娱活动，有时还请乐队来助兴。反正员工可以带上全家老少，吃喝玩乐一整天，不亦乐乎。问他怎样经常混进去的。他说：一个朋友搞到了会所整个月的派对章程，第一周研发部，第二周生产部，第三周工程部……于是，他们就冒充是那个部门的员工，大摇大摆地走进去混吃混喝。到了自己所在的装配部的聚会，他反而被保安拦住了："喂，你怎么又来啦，你上周不是在市场部来过了吗？"回忆至此，格夫哈哈大笑。他还特别记得王氏当年的仓库，走在潮流的前头，用上了自行开发的智慧型机器人搬动货品，看到机械人在狭窄的过道里自如地行走、搬运，当年的少年目瞪口呆。

80年代初期的王氏，是最棒的美国雇主之一，有最好的福利，最优秀的员工，最出色的产品。

第二十五章
传宗接代风波起
DR. AN WANG

时光踏入 80 年代，王安公司生意兴隆，产品热销，誉满全球，更拥有让业界眼红耳热的顶尖创新能力，新产品未卖先红，每一次展销会上都大出风头。公司股价节节攀升，王氏财富滚滚而来。

从 1977 年开始到 1986 年，王氏的年增长率为 67%，雇员从四千人增加到三万多人，分公司扩充到包括欧洲、澳洲、亚洲的全球各地。1980 年，六十岁的王安还亲自掌控六成以上的研发，外媒赞他是"一个总能洞悉正确产品的天才"，手下肯宁翰则赞他"对管理疯狂人物很有一套。"

成长的势头是那样乐观，甚至有那么一段时间，取代 IBM 的幻想在公司内部不断发酵，自大的情绪更是明显：王氏的产品是天下最好的，王氏的人才是世界最顶尖的。在王博士的口袋里，还时时装着和 IBM 作对比的各种数据信息。只是岁月已慢慢不饶人了，他已步入花甲之年。

王安的脾气也渐渐变得更加固执，什么都是自己说了算，不大听得进旁人的建议。有一次，王安的司机听到他在汽车里和同行谈话，不知为何谈崩了，同行还想再谈，却听到王安生气地说："我现在都这么有钱了，我想干什么就干什么！"

在王氏早期，因为误结联盟吃过亏，几乎是白送了一大笔的股份给一家合作公司。王安把此作为一个大教训，发誓再不让股份、股权轻易落到他人手上。公司扩张需要大量资金，他不惜大肆从多个银行举债，不断发行债券，即使王氏的负债节节攀高，也不肯变动股权分毫。正因为如此，王氏的资本负债一直都比同行高，应对财务危机的能力也相对比同行弱。

在70年代的石油危机打击下，还在苦苦研发WPS的王氏曾经极度缺乏资金，银行借债已经通了顶，王安不得不再次卖股票。通过长期的钻研，他早就不是那个对金融市场不熟悉的新手了。在深入研究之后，王安颇有创意地推出让王家享有绝对控股权的C股，却只同意在股市上发行没有多少选举权的B股。纽约交易所不同意他这种堪称创新的做法，王氏于是转到美国交易所挂牌，终于又一次顺利渡过了足以让他灭顶的金融危机。

所以即使王氏不断在对外发行股票，请来一位又一位名流政客、商界巨贾，轮番当上公司董事会成员，王家的绝对控制权却从来就没有改变过。几十年来，无论财政报表如何变更，小股东们如何来来回回地变化，王家的股份总是维持在52%，坚定地对抗着岁月的洪流。

曾经有人在开会时试探性地提起：王氏已经是国际大公司了，要不要把个人色彩浓重的WANG字改一改？王安以不容置辩的语气回答："只要我健在，WANG的公司名字就不会改。"当年单枪匹马，风风雨雨都闯过来了，现在顺风顺水的，凭什么要改？

王氏的成功给王安带来了巨大的财富，真正地成为富甲一方的超级富豪，新英伦区的首富，全球华人的首富。只是，王安朴素如斯，平静如斯。他们还是住在林肯镇的木头房子里，不事张扬，不喜奢华豪宅，没有私人飞机。豪华游艇倒有，不过那是儿子们的玩意，王安不感兴趣。商场诡秘，风

第二十五章
传宗接代风波起

云莫测，他和他太太文霭却一贯地低调、平和，没有架子。在充满了物质、欲望、冲突，潮起潮落的激烈商业竞争的环境里，他的寡言低调被解读成某种神秘的、东方式的、以不变应万变的智慧。

60年代，王家常常在家里举办圣诞Party，邀请附近的中国家庭一起聚会。王安往往亲自操办买菜，去中餐馆点菜。酒足饭饱后，还要等到深夜，女士们打完四圈麻将之后，亲自将他们车上的积雪一一扫净。而现在，老友们很多都退休了，离开寒冷的波士顿了，孩子们也长大了，家庭聚会变成了上流社会源源不断的宴会邀请。曾经的饭后清茶，变成一杯夜夜不离的洋酒。他的外表，宠辱不惊；他的内心，波涛暗涌。一心要排除万难，把王字的招牌和股权在家族里传承下去。

"我的好朋友都说不曾见过你。"有一天他的小女儿茱莉安对她爸爸抱怨道，"我却都见过她们的爸爸。"你不接不送，从不参加我的音乐会，不去我的体育比赛喊加油，一天到晚就是工作工作再工作……"

王安听着，心里着实觉得惭愧。他看着作风西化、娇蛮有加的女儿，轻声地问："你觉得我这个老爸当得很糟么？""也有不错的时候啦，比如小时候你总带我去后面树林散步；比如那次我考砸了回来大哭，你拿起我的微积分课本从头到尾看了一遍，那么耐心地给我讲解，我当晚就全懂啦……"

"对了，还有那次，"她兴奋地回忆，"我一心想考考你，就弄了一道多次加减乘除平方根后又开方的怪题，我用计算器，你用心算。结果你比计算器还快！"女儿看着爸爸，微笑："我觉得你的数学天资是平常人的四倍。"

"哈哈……"王安慈爱地抚摸着女儿的头。如果人真有软肋的话，这三个王家的骨肉，这三个他不知该如何疼爱又没有时间关怀的孩子，就是

他最柔软的软肋吧。

王安的心思都在工作上,对家里三个小孩的教育,花的时间并不多。一方面他自己不太知道怎样做,因为他自己的成长历程,自己父亲的严格、寡言,把深沉的父爱藏在心里,以身作则,给了他为师为父的风范。王安本身不是个严厉的人,多年的美国生活也让他认可宽松平等的父子关系。另一方面,王安从十三岁开始就离家独立生活,很多的认知和成长都是自己摸索的,他想给他的孩子们同样足够的成长自由和空间,不想步步告诉他们该怎样做。

于是,自己以身作则,是他最坚持的一点,他并没有给孩子们请中文老师,也没有给他们讲太多他以前在中国的往事。对此,王烈还有所抱怨。当新闻记者采访王安无果时,他们转去问王烈:"你清楚你爸爸在中国的经历吗?你知道他曾经在中国结过一次婚吗?"

王烈大为惊奇:"有这样的事?!"好奇归好奇,除非王安主动提起,他是不会为这些事去问他父亲的,又不敢去问母亲,只好闷在心里。他觉得他不太懂他的父亲,所有的印象回忆,都是有公司以后的事。小时候,他就只看到忙碌工作的老爸,到他去康科德镇,念圣保罗寄宿高中时,一年里只有寒暑假才回家。父亲一年比一年繁忙,除了谈公事,打网球,父子间的一对一交流就更少了。他其实是非常愿意知道父亲的过往,渴望父子之间除了工作,有更亲密的谈话和互动。他也是看了《教训》这本书之后,才知道很多父亲的往事。他有些失望,虽然他在美国土生土长,不会中文,朋友圈、妻子也都是白人,但其实还是很愿意听听父亲小时候的故事、祖父母的故事、王家几十代的故事。

当王安的儿子是幸运的,他有着富二代应有的一切:财富、地位、荣誉。

第二十五章
传宗接代风波起

同时他又是不幸的，从少年开始他就知道终有一日他要继承父亲庞大的基业，由不得他选择，由不得他喜不喜欢，总有一天他要负起这个长子的责任。虽然他不太懂他的父亲，而且对被安排好的命运感到很恼火，可是，继承王氏企业，却是父子间最大的默契和理解。

1980年，王安突然决定，把自己执掌了30年的产品开发部交给儿子王烈掌管。这是王氏最有价值、最为骄傲，也是最有成就的部门！此举表明了王博士要扶持儿子的决心，也正式开启了王氏传宗接代的惨烈大戏，更成为王氏由盛转衰的一个关键转折点。

1983年，已过花甲之年的王安宣布退休，淡出公司日常，只保持董事长的头衔。或许是公司连年的增长消磨了他的警惕，或许是太多的应酬让他分身乏术，他想专心做慈善，儒家的均衡和中庸——老吾老以及人之老，幼吾幼以及人之幼——他想在一个更广阔的空间，实现中华民族一脉相承的责任。

王氏董事会经过讨论，决定让肯宁翰独当一面地当上王氏总裁——可是，那只是暂时的，任谁都看得出来王安的意图：王氏姓王，老子的事业，迟早都要传到儿子的手上。

但是野心勃勃的美国儿子肯宁翰，不甘心接受被安排好了的命运，决心奋力一搏。为了自己在公司长远的前途，更是为了公司本身——他真心地觉得，和青嫩幼稚的小王烈相比，自己才更适合接班王博士，成为王氏下一代的掌门人。所以除了已经争取到的总裁地位，他还有终极目标：更多的王氏控股权！

这其实也是美国文化的一部分，上至全民参与的总统竞选，下至一场普通的橄榄球比赛，只要双方都认可游戏规则，就可以公开竞争，以实力或者

策略取胜。肯宁翰是纯粹的美国人，他的教育和他的经历，都使他时刻充满了竞争的快意和决心：OK，那就来干一仗吧！况且，王氏也是他多年的心血所在，托付了太多的感情和努力。

可惜，在王安的脑海里，根本就没有什么游戏规则，甚至连竞争都没有。这家公司是我的，其他的人，都只是帮忙做事的手下。这是我一手打下的江山，当然要留给儿子们。毫无疑问，这种思想在中国传统文化里，是理所当然、天经地义的！

两种文化的撞击下就有了两种目的——老王要传宗接代，肯宁翰要奋力争取；两种做法——老王含辛茹苦，拔苗助长让小王登基，肯宁翰出招誓要夺取宝座。两个儿子，一洋一中，中国儿子自命不凡，美国儿子野心勃勃，从开始的明争暗斗升级成全面战争。好端端的一家王氏公司变为战场，本来一起并肩战斗的同事被迫分成两派：挺烈派和挺肯派。

鹬蚌相争！传位的大战戏码，在王安公司最辉煌的岁月，开始正式打响。这里面的全部人物，主角配角，都是局中人，只是当时谁也没料到这场战争结局的惨烈，竞争的残酷和机会的短暂。

而正在公司内部上上下下闹分裂闹得沸沸扬扬的当儿，谁都没有注意到或者预料到，更大的危机正在王氏豪华的大楼外虎视眈眈：新的技术新的思维，已在一处无人注意的角落里诞生，挟带着席卷一切的革新力量，静静地，掀起了美国乃至世界电脑史上最猛烈也最恣肆的崭新篇章。

第二十六章
半步之遥
DR. AN WANG

1975年，哈佛大学的学生保罗·爱伦和比尔·盖茨一起，成立了微软公司，他们痴迷刚刚萌芽的个人电脑前景，两人写出的电脑语言，开启了一个电脑应用软件的新时代。年轻的盖茨在很早就意识到，个人电脑一定会成为时代科技的主流，有着巨大市场前景和应用需求，为此他不惜从哈佛辍学，专注新软件的开发，全周无休，星夜编程，疯狂工作。1980年，微软和IBM合作，全班人马日夜赶写MS-DOS（微软磁盘操作系统），与IBM的机子捆绑出售，结果两家公司都大获成功。

同期，1976年，乔布斯和沃斯尼克在加州的车库里，成立了苹果电脑公司，并做出了第一台苹果电脑，从此，PC（个人电脑）像野火一样，引燃了一个全新的巨大市场。

1980年，因为看到了PC的新曙光，IBM在纽约总部秘密开始了一个名为"橡树果计划"的项目，一年后，IBM第一台PC产生了。虽然在技术上不是最前沿的，IBM的第一代PC却把所有受欢迎的电脑功能都放到一只小机器里去了，存储量有256兆，配软盘驱动器，甚至有彩色屏幕。IBM为了这款新产品，做了一个很聪明的诉求点为"小而强"的广告，结

▎1976年，第一台苹果电脑诞生。一个新的PC时代来临

果到了1983年，IBM PC成为电脑业最新最强的标杆，一上市就卖得好得不得了，简直都来不及生产了！

为了加快在市场的推广速度，IBM决定不再自己全部生产所有配件，而是采用其他厂家的重要部件——包括英特尔的芯片和微软的软件。这样做本来是为了巩固IBM在电脑业的霸主地位，可是讽刺的是，正是这个外包的决定，让英特尔和微软在十年之内做大，开放式的电脑平台不再独尊IBM一家，在一个以千万亿产值计的新电脑时代来临，在IBM之外诞生出了新的数码英雄。

回到1980年，王安决定让儿子稳步接班，第一步，就是自己引退，把公司最重要也最难管的研发部，给儿子打理。于是他力排众议，跟董事会说自己想多花时间做公益事业，不再管理公司的日常。

一开始还挺好，王烈在展销会上介绍的王氏新产品，让客户大为兴奋，引颈期待。可是，一个季度过去了，两个季度过去了，甚至数年过去了，王

第二十六章
半步之遥

氏还是拿不出承诺的新产品。即使是千呼万唤才面世的新产品，还是毫无新意，只能做文字处理。反之，IBM 个人电脑的功能早已大大超越王氏。王氏的客户怨声载道，公司的信誉滑坡。

肯宁翰对研发部的慢动作，非常不满。当然，对小王更是生气。王烈之前管 WPS 的推广，名义上还在肯宁翰手下，现在当上王氏研发部的主管，已经和肯宁翰平起平坐，对方当然感觉很不爽。

在跨部门的周会上，他总是不停地向小王发难。

"Fred，你知道客户都在等新的文字处理系统吗？你究竟多久才能做出来？"肯宁翰当着全体高管的面，大声责问王烈。

小王和稀泥地回答："在努力加班加点地做呢，你知道困难很多……"

▍1981年，IBM推出第一款IBM PC

肯宁翰不耐烦地打断他的话头："谁没有困难？销售部没新产品卖更困难！客户都转向 IBM 了，你还在跟我说困难！快跟我说什么时候能搞定新品！"

小王对他的语气很不满，忍不住也吼道："你以为研发部没有压力？你去现场看看，几个主管根本没有合作精神，只知道互相吵架，好不容易才敲定设计方案。确实在加班加点干！"

肯宁翰这才意识到，今日的小王已经和自己同级！只好压着怒火，嘴上应付着说："那最多再等几个月，拜托你们快点弄！"心里却在呐喊："他妈的没用的小子，同一个部门，同一堆人，你老子搞得定怎么轮到你就不灵了？"

事实上，也不能全怪王烈，在微机转为个人电脑的新潮流面前，王氏其实是大有机会继续成为电脑业界、特别是应用软件的翘楚的。这事还得怪他老爸。

早在 1979 年，以王氏产品一贯的简洁实用、贴近用户的理念设计，加上其庞大的用户群、出色的营销，其实是最容易转化为兼容性的 PC 技术的。王烈作为年轻人也很受这股新浪潮吸引，多次向他老爸提出要做开放式的 PC 产品。

当时，PC 刚刚进入市场，谁都不知道它的前途命运如何。

王安老了，他开始念旧，他不舍得自己亲自创建、又风光闻名的王氏平台。而且，他固执地认为，电脑不可能成为人人可用的日常机器，它是专业的、高效的、有特殊用途的商业产品，不会沦为大众化的、私人化的个人玩物。于是，他拒绝了儿子的建议。另外，从赢利的角度考量，拥有独特平台，那是从硬件到软件，从打印机到售后服务，一条龙哪里都能大赚

第二十六章
半步之遥

其钱的渠道呀!

他想起了他曾经退出的计算器业务——正是因为它已经成为大众化的薄利产品,他才没有兴趣再生产。他从来喜欢专业、精巧、好用的产品:高精尖的技术才能卖高价,才能为公司带来丰厚的利润。

可是,曾经创造了无数次前瞻正确神话的王安,在新的技术浪潮到来的这一次,却是马失前蹄,犯下致命大错。很多同时代的商业大佬,也都判断错了,包括当时的微机老大 DEC 公司。

在做这个决定前,王安其实也允许内部的讨论,甚至试验。王氏研发部曾经有过想法,要把王氏的文字处理系统加入到苹果电脑里去,还专门请过苹果公司的创始人乔布斯、主管斯科尼到罗威尔开会深入讨论过。但是肯宁翰不喜欢这个点子。"我觉得如果和苹果公司合作,就说明我们做不来容易使用的工作电脑。而且这样也不赚钱。"

从王博士到肯宁翰,都对 PC 浪潮没感觉。这从上而下的片面决策,否决了王氏工程师们多少烁烁闪亮的创新点子!这是多么令人痛惜的错过!后来,多位业界评论家们都忍不住慨叹:王氏的文字处理系统,与个人电脑的距离,真的只有半步之遥!

就连天降大任,思维和行动都同样敏锐无比的未来全球首富比尔·盖茨,在回忆往事时也不禁慨叹:如果王氏当年的战略改变成功,产品转换为开放式的个人电脑平台,必定会与 IBM 有得一争;而当时与 IBM 同坐一列战车上的自己,就没有机会如此快地脱颖而出,说不定,自己还会转行当上教师……

反而,一直位居商用电脑业霸主地位的 IBM,锐意创新,敢于否定自己,审时度势,适时拥抱新的开放式平台。IBM 在 20 世纪 80 年代全面转型,

以 PC 品牌横扫天下。之后，苹果电脑、微软、INTEL 等新一代公司的迅速崛起，电脑产业格局在 80 年代重新开始洗牌，个人电脑的普及，开放式平台的使用已是不可阻挡的时代潮流，技术进步更是一日千里，竞争更趋激烈。技术专利越来越多，靠一个专利一个产品便可稳固十年八年的好事，早已经是明日黄花。

即使一定要保有 WANG 的独特平台，只要产品做得好，也不一定就没有机会。苹果电脑一朝成功，后来一直坚持自有平台的故事，就是市场拥抱优秀而且独特产品的明证。

可惜，在王烈领导下的王氏研发部门，却没有在新一轮的全新的战场上奋力开拓，创新出奇，再建辉煌，却白白把一流科技公司应有的成功，甚至荣耀，在错误的判断中付诸流水。

1982 年秋，当研发部因为产品延期造成不可逆转的灾难已成事实，个性直率猛烈，眼里揉不得半颗沙子的老将霍伯路，已经是怒不可遏，他再也忍受不下去了！他决定离开，搬得远远的，搬到佛罗里达的最南端去，来个眼不见为净。

可是，在离开之前，有些话，他不吐不快！

在公司的最后一天，老霍把 16 位公司的高管一起请到会议室，包括王安父子、研发部三驾马车的领头人，还有肯宁翰，都来了。霍伯路站起来，向各位挥泪告别："我在王氏工作了 15 年，老实说，我很舍不得走。"他忍着伤感，从一个找不着北的药剂师，到声誉卓绝的电脑文字处理系统的先驱，和王博士并肩奋斗的画面好像又回到眼前，十五个倾情工作的寒暑，却换来了今天的别离和伤痛！

他定了定神，转向王烈："Fred，你把一切都弄糟了，你是一个错误的人

第二十六章
半步之遥

选,你出了很多馊主意,你根本就不知道你都干了些什么!"

"研发部是一个出新主意的地方,不是像榨汁机一样尽在老产品上打转,我们错过了太多好机会!这里已经变成了一个打瞌睡的地方!"他一样一样地数落,开足马力对准王烈。在座的许多人一边在心里喝彩,一边也觉得他太直接了。

王博士静静地听着,脸上波澜不兴,只有在听到老霍回忆往事,激动落泪时,也忍不住悄悄抹去眼角的泪水。

老臣子们个个感同身受,心如刀割。是的,他们是不停吵架互相瞧不起,但都是为了公司团队的共同利益,而不是为了个人。他们也没有受过中国的传统教育,不会有赵子龙、诸葛亮那样扶持阿斗的隔代忠心,他们,都在心里默默地为霍伯路的临别赠言鼓掌!

王烈则对这样的严词厉语满不在乎,觉得那是老霍火爆脾气的最后发作,而且无理地针对他个人,毫无意义。对他的离开,也只是遗憾地耸耸肩。

过了几个月,主管VS的西高尔也无法忍受毫无作为的研发部门,离开王氏去了另一家小公司。

主管微机系列的浩克,是三驾马车领头人里脾气最好的一个。可是,到了1985年,他也黯然离去。

这三位曾创造出王氏一系列最辉煌的产品,把王氏捧到业界顶尖地位的忠心良将都走了。曾经风光无限的研发部门,那跳跃着新思维,涌动着创造力的灵魂部门,就这样,从绚丽转向黯淡。

▌中年时的西高尔

第二十七章
中美儿子龙虎斗
DR. AN WANG

肯宁翰从1983年开始的总裁之位,坐得并不稳。虽然他一向工作出色,能力超群。虽然他野心勃勃,一心想在王氏出人头地,成为一人之下、万人之上的大集团掌门人。

与老王安顽固的东方式子承父业想法一样,肯宁翰的西方式进取思维,同样自然同样强烈地流淌在他的血脉里。

他是爱尔兰人的后裔,崇尚自由,喜欢开拓,不畏艰难。在他的观念里从来没有君君臣臣、父父子子的愚忠和忍让。他的逻辑很简单:这里是美国,一个自由社会,我打败对手胜利了,我就是英雄!金钱,地位,荣誉,宝座,就应该统统归我!尽了全力却被打败了,那我认输走人!王博士一手创业,对我更有知遇之恩,我选择尊重服帖。可是对那个毫无建树的儿子,他从高中开始就在我手下工作。凭什么呀,我要给那小子当手下?!

于是,他正式地把他对小王的不满带到工作上,成天往对方脚下放香蕉皮,总是想方设法地让对方不好受。肯宁翰的手下很多,对他很忠诚,又都是长年在王氏工作的老油子,个性强,进取心强,攻击性也更强。

"Fred?"他们不断在员工内部传播闲言碎语,"他呀,根本就没有当

第二十七章
中美儿子龙虎斗

总裁的能力。你看看他掌管研发造成的灾难！如果他真的接了老子的班，公司肯定会像研发部一样，一事无成！"言下之意，大家都应该拥戴肯宁翰当头头。公然煽动公司内部的分裂，根本不在乎因此带来的恶果。

王烈那派，比较年轻也比较稚嫩，虽然很多时候处于防守状态，但也并不低调。"肯宁翰只知道花钱，他能懂什么技术？等他把公司的钱败光了，一切就晚了！"他们当然也会争论吵架，也不在乎互相拆台。因为他们从心里知道：总有一天，他们这派会得到最后胜利！

董事会成员们也闹分裂，但是他们心里很清楚，控股权在王安手里，决定权也在他，而这珍贵的股权，他是到死都不会放的。

如果，换一个地方或者另一种文化，这样的斗争或许不会发生。在东方，多数的家族生意都会在家族里代代延伸，风俗如此，老臣子们再不满意，大不了摇摇头一走了之。李嘉诚、王永庆、霍英东……都把家业交给下一代经营，有几个老臣子敢起来闹事？

甚至连 2017 年当选为美国总统的地产大亨特朗普，他的生意也是交给儿子女儿们继承，没出什么乱子——当然，他的公司没有选择上市，纯粹的私人大家族生意。

或者，换了一个主角或一个空间，这样的冲突也不会发生。IBM 的总裁小华特生是有过很长一段把酒狂欢、毫无人生目标的富家浪荡子生涯，可是后来军队和战争的磨练给了他纪律、斗志和担当。立了功退了役后，他把商场当成战场，嗜血，灵敏，无畏，率领 IBM 进行全球性的大肆扩张，开疆拓土，所向披靡。而同是富二代的王烈，本性温和，野心不大，又缺乏磨练，也就无从在短时间磨砺出竞争最激烈、淘汰最急切的 IT 领域里特别需要的号召力、自信和远见、坚忍等最重要的领袖气质。

■ 传宗接代大战的三个主角：肯宁翰、王安、王烈

相反，他有的是年轻人特有的叛逆和不服气。对老爸，他有着不满、埋怨，可是占上风的还是亲情和尊敬，还有那么一点点的感激在里面。于是他把所有的气愤都发泄到对手身上，公司的两派冲突公开化，他也无所谓：有老子在后面撑腰呢！

王烈曾经在父母的安排之下，去哈佛念了一阵专门为企业高管设立的浓缩 MBA 课程，为期十三周。肯宁翰在考 MBA 时，就曾被哈佛录取，但是因为要等一年才能入学，就没去，那是他主动拒绝的。一个靠爹一个靠自己，高下立现，因此肯宁翰从一开始就从心里就瞧不起王烈，觉得从念书，到经验，到能力，无论哪方面，他都稳操胜券。

王安当年掌管研发，负责王氏最热门产品的研发经理们，特别是三驾马车（文字处理系列，VS 系列，微机系列）的掌门人，常常争吵，谁也不服谁，

第二十七章
中美儿子龙虎斗

这已经成为王氏文化多年来抹不去的一个特色。但是，这些狂人们都绝对服从王博士，而且争吵都是针对产品，对事不对人，吵完后该干啥干啥，下次开会再接着吵。可是，到了王烈这里，就不只是针对产品那么简单了，直接就是言语暴力，人身攻击！

王烈本性不是一个好斗的人，但是也有大少爷脾气，不喜欢手下的人不听话。会议开到一半，三方吵得不成样子，他也没有他爸专注快速又准确的判断力，可以随时打断争论说："就这样这样定了吧！"反而，头痛不已的王烈会抽身离开会场，扔下一句："真是浪费时间！你们接着讨论吧，等你们达成统一意见了，再来找我开会。"说走就走，置身事外。

肯宁翰在商界叱咤风云，在管理、销售、金融、客户等方面确实比王烈强，而且经验丰富，但是他在技术上的洞察力远不如王安。所以从研发的角度看，这两个人，其实都不一定是那时研发部最佳的接班人。

到目前为止，王烈的人生一帆风顺，虽然在家、在公司都常有争执，可还没尝过失败的滋味，自我感觉良好，自我保护触觉敏锐，不喜欢倾听不同意见，不知道该如何处理复杂刁钻的客户要求，不清楚自己的长处和短板，看不到未来的危机，只是在父辈的庇护之下，盲目地乐观。

于是在不知不觉间，在还是太平盛世、完全没有外力介入的时候，王氏事实上已经陷入了两大危机：因为分裂争斗引起的内部交流危机和因为产品延期引发的客户交流危机。第一个危机让曾经优秀无敌的王氏产品不进则退；第二个危机则直接导致客户大量流失出走，为日后的销售和财务双重崩溃，埋下了祸根。

第二十八章
为父的选择
DR. AN WANG

可是对当时还没有预知到灾难临头的王安来说,把位子和股权传给王家的下一代,这是最自然不过的事情。长幼有序,子承父业,这些都是儒家的传统教义,深入到王安的骨子里,就像日出日落一样自然。尽管,他是在美国,这个地方讲究人权,讲究平等,可是老对手 IBM 的总裁小华特生,本身就是子承父业,从老华特生手上接过重担,再发扬光大的啊。而且和自己的儿子王烈一样,小华特生也是从布朗大学毕业的。凭什么我王安的儿子就不如他呢?

是的,儿子现在是不够坚强,不够成熟,可是小华特生在当兵前还是个浪荡子呢,靠了老子的影响力和智慧,才勉强塞进去读的布朗大学,可后来还成为他那一代人里最成功的 CEO。每一个人都有一个独特而且艰难的成长历程,我王安自己,不也是从小被父母拔苗助长,一路硬着头皮,在种种未知困顿中摸爬滚打,又靠着天时地利人和,一个人硬闯过来的?

老王安在许多个安静的傍晚,左手举着酒杯,右手拿着烟斗,看着屋外林间转瞬将逝的夕阳。他想了又想,终于下定了决心:趁他现在还在当董事长,还有着一言九鼎的话语权,不管儿子是不是准备好了,也不管反

第二十八章
为父的选择

对声浪有多大，至少要把总裁的位子留给儿子，让他接受真正的压力，真正的责任，说不定他能成长更快。再说了，我一手打下来的江山王朝，怎么可能不传给儿子呢？

早在1983年，肯宁翰就开始一边极力争权，一边安排退路。他以要建新房子做借口，卖掉了他所有的王氏股份，那时，公司股票正徘徊在分拆后每股41.5美元的历史最高位。

终于，久战疲累的肯宁翰决定，他要和王博士好好谈一谈，测试一下他的底线，如果他真的要离开王氏，博士会不会舍不得，会不会极力挽留他这个功臣呢？

离托斯百利镇不远，在古老失修的旧铁轨边，有一家他们以前经常光顾的中式餐厅，午餐通常是自助形式的，提供捞面、炒饭、煎饺、西兰牛、左公鸡、蛋花汤等十来样最常见的中式餐品。以前，在公司最忙碌的那段日子，他们常常就去那儿吃自助，快捷、简单，而且博士喜欢吃中餐。肯宁翰陪着他，一边吃饭，一边争分夺秒地讨论紧急公事。通常饭吃完了，决策也就出来了，再飞车回去处理公务。

现在，重新坐到这个地方，感觉真是既亲切又熟悉。只是，他们现在不急着吃自助了，夹了餐厅里最昂贵的龙虾、嫩牛肉、红烧鱼、清炒菠菜，在宽阔的单间里，远远地望着那些只有十来分钟吃饭的忙碌上班族。

博士微笑了，说："这个地方，真是好久没来过了"。

肯宁翰闻言，却有想哭的冲动，应道："是啊，有好多年没有来过了吧，还好都还在，没有关门，连菜式都没变。"

王安闻言，好像预感到了什么，笑容消失，沉默地举起了筷子。

肯宁翰吃不下饭，只盯着眼前的茶杯，说："博士，你知道吗，今年，是

我为王氏效力的第二十个年头了……"他想哭的感觉更浓了。

博士举起茶杯，和他的对碰了一下。"真不容易啊，你辛苦了。"他也有些感慨。

肯宁翰决定豁出去了，"我……你知道我当总裁的任期是四年，还有半年就到期了，董事会有意让我续任吗？"

王安简单地回答："还没有开会。不知道。"

"那您自己的选择呢？"他大着胆子紧逼一句。

王安沉默了，放下了筷子，也盯着茶杯。

"我刚刚买了一座新房子，"肯宁翰接着说，"我的太太觉得是时候开始过另一种生活了，孩子们慢慢长大了，我们也多了时间和自由，选择也更多了。"暗示他也可以选择离开王氏！

王安静静地听着，仍然没有出声。

巨大的沉默笼罩在他俩的四周，餐厅里嘈杂的人声，移动的人影，此刻在肯宁翰的感官里，变得无声而且静止。他耐心地等待着，等待着，直到失望。

王博士一直埋头吃饭，一言不发。

终于，肯宁翰打破沉默，轻轻地问："很久没有见过王太太了，她还好吗？"

王安点了点头。

"我记得，在 WPS 上超级碗电视广告那一年，她请我们去你家吃饭，亲手做的菜比现在这些都好吃……她那么地高兴，拉着我的手，一直说，你就是我们的美国儿子……"肯宁翰眼眶潮湿，打出了最后的温情牌。

王安终于抬起头，看着肯宁翰的双眼，温和说道："我当然都记得。谢谢你。我吃完了，有事先走了。这顿饭我请你，午安。"说完，他就离席走了。

第二十八章
为父的选择

那个下午,肯宁翰一个人,在餐厅呆坐了很久,很久。他还是没有动桌上丰盛的午餐。窗外,他看到零零落落的新雪,一片接一片,洒在生了锈的旧铁轨上。

1985年,曾经被王安夫妇视为美国儿子的肯宁翰,在多年努力之后,终于发现,无论他如何争取,又如何聪明能干,终归还是胳膊拧不过大腿。即使他能争取到其他股东的支持,能再当几年的总裁,却始终无法掌握公司的控股权,更无法摆脱王烈。就等于长期给王家打工,为王烈少爷收拾烂摊子,打冲锋。这有何乐趣呢?王氏姓王,只要老王还在,他这个不姓王的就无法改变这个子承父业的现实!于是,在遗憾、自满、愤怒、伤心等复杂的心境下,肯宁翰终于决定:决裂出走!

在辞别会上,这个有泪不轻弹的硬汉,从来不轻易动感情的大男人,一边说着告别的话,一边像个孩子一样失声痛哭,曾经的辉煌,远去的青春,那些无休止的奋斗的日子,都要成为过往。悲伤弥漫了整个公司,就像是一场无可奈何的生死离别,与人生最好的年代挥手告别。谁都记得,在王博士管理研发,肯宁翰管销售的时候,那是王氏最风光,最无敌的年代!

这场激烈的易主斗争,携带着两种文化、两个世代的猛力冲击,持续多年,两败俱伤,终于在1985年,以肯宁翰挥泪退位,连带大批老将的告退而结束。

多年前在家里,王烈和母亲为上哪间大学争辩,王安选择支持儿子。多年之后在公司,王烈和肯宁翰争当继承人,老爸又一次选择站在儿子那边。是儒家思想长期的习惯思维,还是一份他对家人无声的热爱,对一脉传承强烈的渴望?

障碍既消,董事们自然都无话可说。王烈在1986年上任王氏总裁,那

一年，他刚满 36 岁。

离开王氏之后，肯宁翰自己单飞成立新公司。同时他带走跳槽的还有好几位王氏的技术骨干。数年后，他的新公司取得小范围的成功，他也一直过着富庶的、亲友环绕的生活，直到 2013 年离世。

1986 年，王氏开始新一波大裁员，裁掉一千六百人，约百分之二的全球雇员，公司季度亏损超过一亿美金。

早就退休，淡出公司日常，热衷慈善事业的王博士，在外忧内患的危机中，不得不在董事会的呼唤下重出江湖，以老迈体弱之躯，重新接手公司的日常业务。甚至从 40 年代第一次坐长途机，飞越驼峰航线时落下的飞行恐惧症，他也不得不勇敢去面对：他承诺，亲自去视察全球每一家的王氏分部！

他曾经是那么讨厌坐飞机，从东岸到西岸都宁愿坐火车，甚至坐船绕过巴拿马运河。出国游玩，再远也坐游轮，慢悠悠地游遍欧洲。可是，现在既然选择复出，就要全力以赴！他于是同意买下一架豪华的商务飞机，专设一间他的卧室，频飞亚洲、欧洲、北美洲……

可是，这已经是一个全新的，他还没有来得及重新学习和适应的新世界了！

曾经忠诚的员工早已离开，曾经热情的客户不愿再等，多年笑脸相向的银行变得冷酷无情，一向骄傲自信的王氏员工人心惶惶。

即使父子档上马，全力以赴，公司的状况非但没有改善，反而一步步地迈向深渊。一季接一季的巨额亏损，一天接一天的股价暴跌，一波接一波的大幅裁员——以前种种的没想到和不可能，却不幸地，成为摆在面前的现实。

第二十八章
为父的选择

多少年后,当尘埃落定,王烈才发现,原来他真正的兴趣是从政,是做政府工作,当一个人民公仆。可惜,这个发现来得太迟,这个理想来得太晚!这么多年,无论他多么痛苦,多么挣扎,从来就没有认真想过他的生命还会有别的可能,他的事业还会有别的选择。当少年的叛逆渐渐消退,人生百炼徐徐展开,他越来越明白父亲创下这一份广厦大业的不易,对他越加敬重,更希望自己能不辜负重任,成为这家跨国大企业的受人尊重的新总裁大人。

王安从来也没有真正了解他自己的儿子,从童年、少年,到青年,忙碌的他总在工作,一周七天,全年无休。他没有关心孩子的足球赛、音乐会、游艇派对,他不在乎孩子的朋友和兴趣,却很在乎儿子很早就开始在公司工作,从最初的技术员开始,一路做上去。他允许儿子偶尔的叛逆和疏懒,却从来没有想过,王安公司的继承人不姓王。

命运有时很奇特。深受儒家传统影响的王安,他的成功固然少不了东方式的智慧和坚持。可是,恰恰也是这东方式的传宗接代,断送了王氏企业在西方社会的前途。

王安一生谨慎,敏行独立,在重重围困之中,总是能够找到突破口。可是,任他再精于运算,深明中庸,也算不出想不到,他积聚一生的辉煌与荣耀,会在混沌间形成一股能量巨大的反力,在他生命的最后几年,噩梦连场,汹涌袭来。

第二十九章
各怀心事王家人
DR. AN WANG

王安年轻时在中国，乒乓球打得非常好，到了美国之后，转为打网球。他在林肯镇的家，建有一座标准的网球场。每周，只要天气允许，王安和儿子王烈都会打上至少一场网球，那是珍贵的父子相处时光，虽然只在运动不是交谈，两人都很享受这份共同的爱好。

王烈一直在白人圈里长大，交的女朋友也都是白人。王太太看在眼里，急在心里，忍不住又开始唠叨："还是中国媳妇好啊，贤惠能干，会做中餐，孝敬老人……你要不要试试和东方女子约会？"

王烈在上大学时就和他妈妈吵过架，还吵赢了的，现在都几岁了，还要听妈妈话？于是左耳进右耳出，口中应承，却自行其是。他并不急着成婚，也没有很固定的女友。直到他有望当上王氏总裁，大局已定，心情转好，也就有了成家立室的心情。他喜欢上了一位漂亮优雅的王氏员工，她的名字叫洛丽，工作很努力，刚刚升任为产品经理。两人先是偷偷地交往，后来公开大方地拍拖，一年之后喜结连理，受到各方的祝福。洛丽是白人女子，在后来王烈蒙难的日子里，情深义重，同甘共苦，不离不弃。

他们在海边买了一座豪华的大别墅，添了新的游艇，呼朋引友，过上了

第二十九章
各怀心事王家人

幸福生活。王烈个性温和乐观,虽然在公司里要面对各种困局、对立和挑战,却都不会特别上心烦恼。他也不像他老爸当年,整周无休,全天候工作而且乐此不疲。他不行,周末和假日可不能缺少,这是他能够摆脱工作烦恼的唯一办法。对他来说,王氏是一份非常重要的工作,却不是他生命的全部。

王安呢,他自始至终,都有着旧式中国绅士的优雅,慎重,沉稳,甚至神秘。他特别不愿意接受采访,更不愿谈私生活,尤其烦那些捕风捉影的记者。闲时休息,也就打打网球,玩玩桥牌,喝喝酒,和相熟的朋友们聊聊天(尽管他总是听得多,说得少)。其他时候,就是工作,思考。即使在退休那些年,都是如此。

许多人都建议他换掉家族色彩浓烈的WANG公司名字。自从公司做大,就不停有人跟他提这事儿,他从来不理睬。行不改姓,坐不改名,这是中国人的老规矩。

他也特别注重中式礼节。有一次,王氏有一位在香港工作的远东区销售经理可能吃腻了中国菜,在中国客户面前,拒绝吃中国菜,特别给自己点了一份牛扒,还要了刀和叉,不要用筷子。这个举动传到王安耳里,他特别生气,觉得这样大咧咧的美式做法,是对东方客人的极度不尊重!到了发放年度奖金时,他扣掉了这位经理一万元美金,还特意让销售副总带话给这个倒霉的远东经理:"告诉他,那份特价牛扒花了他一万块!"

上了年纪,他变得更加固执己见,喜怒随意。六七十年代,当波士顿的华人社区到处筹钱,要建一座多功能的中文学校时,赵钟英老师找到王安,希望他能给学校捐点钱。赵老师任教美国名校高中,也是老华侨,五十年代就在波士顿成家立业,非常热心华人社区的事务,和王安太太相熟,还参加过王家的几次聚会。她觉得凭交情凭财力,王安都不会拒绝。可是出乎所

▌赵钟英老师与本书作者的合影

有人的意料，王安就是不捐。赵老师气坏了，觉得他简直不可理喻。

王安心想：当年我缺钱的时候呢，又不见你们来雪中送炭。现在我好了，你们也上门了，就不捐！对王安这份奇怪的小气，王太太也很无奈，只好一再对朋友表示歉意。心想：都这么多年了，而且还是不同的两拨人，他怎么就这么记仇呢！

王太太其实也很寂寞。她喜欢社交，喜欢家庭，喜欢看书，最喜欢的还是和同声同气的上海太太们一起，通宵打麻将。为此，她还养成了晚睡晚起的习惯，和早睡早起的王安一点也不同步。她是非常传统的中国母亲，明知不一定有用，还是要唠叨操心孩子们的事。老大不愿意和亚洲女孩子约会，她就寄希望于老二老三。被唠叨烦了，有一天老二突然跟妈妈说："妈，我

第二十九章
各怀心事王家人

准备去德州分部,爹说了,如果我在那边做得好的话,就可以当上部门经理,一步步往上升呢。"这其实也是王安的一个战略部署,让两个儿子都有机会独当一面。

王太太当然不太高兴,但是儿子大了,要离家独立,也是无可奈何的事。老二康尼从此定居在德州达拉斯,成了家,有了可爱的孩子,太太也是白人。

老三茱莉安呢?她从小就娇生惯养,谁的话也不听,比两个哥哥更加任性难缠。她高中时功课不太好,勉强入读大学后,还好在打冰球中找到自信,成为校队的一员,经常去比赛,学业什么的不太上心。然后有一天,王太太深夜接到女儿电话,还以为她在学校里出了什么事,焦急地问:"你没有受伤吧?"

"妈,我没事,好得很!"女儿在电话那边咯咯笑,"还记得上次我带回家的那个帅男孩麦克吗?我决定啦,要和他私奔,在外面住,不回家了。"

"什么?!"王太太惊得站不住,脚一软坐倒在床,忍不住冲着电话大喊,"那个花花公子麦克?不行啊阿因。"母亲一边急劝,一边泪水不由自主地涌出,"回家吧阿因,我答应,不反对你们交往好不好?只是不要这么急着就要住在外面,不要结婚好不好?你还小,才20岁,人生路还长得很……"

正沐浴在爱河里的茱莉安,不耐烦地打断了母亲的话头:"妈!我和他在一起就是结婚了,放心吧!这样不是挺好的嘛,还省了你们操办婚礼的麻烦。我先走了啊,过一阵子,等爹和你气消了再回家!"嘟嘟嘟,电话挂断了。

王太太呆坐在床上,握着话筒,泪光晶莹中,看到床头柜上摆放的全家福,回想女儿小时候的甜美和天真,更是心疼难抑,忍不住低头痛哭出声。

她不知道自己都做错了些什么，也不知道从什么时候开始，孩子们变得如此决绝，如此难沟通，全都像鸟儿一样飞走不回头。只剩下她一个失败的母亲，在老屋里寂寞地守望，等待叛逆的孩子们回归。

钱再多又有什么用呢？虽则她不拒绝富贵，也一直享受着由此带来的舒适和尊贵，她的个性，也有着相当西化的独立坚忍，可在她的内心，却是正统的中国母亲，不求生活的奢华，只望父慈子孝，儿孙绕膝。她的先生一心要光宗耀祖，子承父业。她却没有如此斗志和野心，每周去教堂，都为孩子们祈祷，为先生和王氏祈祷。中国太太们的圈子是非很多，而她的儿女家事又难以启齿，于是渐渐地，她也很少请一堆人来玩麻将了，反而更频繁地参与到白人社区的活动。而且一如从前在上海，在战时，从《圣经》和大量的文学阅读中，寻求心灵的慰藉。

DR. AN WANG

四面楚歌

新品屡屡延期，王安身体拉响警报，新总裁一筹莫展，银行逼宫……王氏已行至无可挽回的崩溃边缘。

第三十章
风云突变
DR. AN WANG

1985年,王安和一位美国作家合作,由他口述,写下了一本名为《教训》的个人传记。那时,在外界看来,王氏还是如日中天,内部的争权,外界的竞争,还没有完全曝光人前。多数人的想法是,王烈的能力虽然不及他老爸,但他毕竟还是勤奋工作,况且公司已经很有规模,烂船还有三斤钉呢,何况还是威名远扬的王氏。成长预期可能会慢一些,也可能会亏损,经历几年困难期,以后适应了,应该就没事了吧。

连王安自己也是这么想的。在口述自传的时候,他多次回忆创业初期的种种艰难,一次次和IBM竞争的成功体验,对读者,也对自己说:"那时面临的困境和挑战,要比现在难得多。可是我们还一直在成长,与IBM的差距也在缩小。"

可是谁又知道呢,风波骤起,平地惊雷。王安公司,王博士本人,此时已双双陷入了四面楚歌的生存危机!不同以前的挑战,这一次,王安本人和他的公司,将会面临真正的灭顶之灾!

1989年初,王安出差回来后,先是咳嗽,喉咙痛得厉害,慢慢地连吞东西都感到难以下咽。他以为是一般流感,就专程去了一趟麻省总医院,想要

第三十章
风云突变

点抗生素吃,好得快些。他是麻省总医院的大金主之一,又上了年纪,医生们谁都不敢大意,坚持让他逗留了半日,转了好几个科室,从外到内做了详尽的检测。

几天后,王安正在办公室里忙着,电话铃声在此刻叮叮响起,他清了清嗓子,抓起话筒,嘶哑地发出一声低音:"嗨……"

耳边传来麻省总医院主治医生稳重的声音:"博士,检查结果出来了。很遗憾,是个特别糟糕的消息……您确诊患上了食道癌,最凶猛的那种,晚期……我们发现得太晚了,现在只能尽快治疗!立刻排期动手术,做化疗。请您马上停下手边的工作,到医院来做进一步检查,我们好安排整套治疗方案。"

王安愣了足足半分钟,不敢相信这个突如其来的坏消息。什么?癌症?晚期!在此刻公司面临生死危机的关键时候!

然而,他早已熟习人生突变,宠辱不惊。他沉默了一下,深吸一口气,平静一下心跳,哑着声音跟医生说:"我知道了。谢谢你。那就请医院方面安排吧。"

放下电话,他想起了一句中国老话:祸不单行,福无双至。幸运,曾经慷慨地眷顾过他,那么现在呢?是不是所有的运气都已走到了尽头?属于他的时代,这么快,真的都要过去了吗?

他按响了儿子的直通电话。

王烈推门进来,他还没到 40 岁,长得高大英俊。在刚刚过去的冬天,他和太太洛丽有了第一个孩子,是个漂亮可爱的小公主,这也是王家的第一个孙辈,全家上下都很高兴。所以,虽然公司诸事不顺,小王的心情还算可以。他一向是个乐天派。

"爹地，您找我？"他以为又是因为八间银行联合追债的事儿。为了这个危机他已经几晚没睡好了，还是一筹莫展，难道老爸有办法了？

他却做梦也没想到，老爸用平静的语气，说自己得了癌症，而且是晚期——一连串的坏消息里最新最糟的一个！好像是晴天霹雳，又好像被人用冰水从头淋到脚，王烈整个人都寒了。"怎么可能？！您前些天不是说是感冒喉咙痛吗？"

王安叹了口气："如果真是感冒就好了……我很快就要去住院治疗了，公司的事，这段时间你要多费心了。"他停了一下又道："这个消息暂时不要跟别人说，影响会很大的。你妈那里，我会跟她说的……"

王烈张嘴，还想问些什么。可是他看到父亲瘦小单薄的身子陷在宽大的大班椅内，神情疲惫，双眉紧锁，好像在强忍着很大的不适。儿子禁不住关心道："爹地，你还好吗？我先送你回家？"他趋步上前，想扶扶父亲，或者给个拥抱。父子间很少这样亲密地互动，可是此刻，看到与平时判若两人的孱弱父亲，他本能地想这样做。

王安摆了摆手，制止了儿子趋前的脚步："事情太多，你先回办公室工作吧。我很快就会叫司机送我回家。"

儿子垂下双手，看到父亲虽然体弱，眼神却一如既往地坚毅，只好点了点头，转身关上门走了。

王安让司机送他回家。临出门，眷恋之情顿生。天知道自己什么时候能够康复回来，甚至不知道自己还能不能活着回来。又一次破天荒地，他叫手下打开通向天台的门，说想上去看看。

上一回到天台，他自己，他的公司，还是有许多利好的消息。可现在，自己重病缠身，公司摇摇欲坠。人生这一路艰难走来，他已数不清曾有过

第三十章
风云突变

多少次的突围重生。可是这一次,能否还能像以前那样,力挽狂澜,死而后生?

他又猛咳起来,这才注意到天台的风越刮越猛,乌云聚拢,大有风雨欲来的阵势。他缓缓地转身,一步一步地离开他的大厦,心里却渐渐平静清明。不管前路如何艰辛,生命还剩下多少时间,公司未来的命运是凶是吉,除了奋斗到底,他别无选择!

唯一感到欣慰的是,他笃信人人生而有责,而他一生都在努力。这一次,总要与死神狰狞的呼唤,再做一次殊死搏斗。

第三十一章
忽略财务的新总裁
DR. AN WANG

1989年初，王安公司的财政危机开始浮出水面。一开始，谁也不觉得是个大事儿。虽然公司上下，谁都清楚王氏的全盛时期已过，再也不是那个曾经执时代牛耳的高科技前沿公司了。但是毕竟，这还是一家雇有数万人的国际大公司，销售有起有落，成长有快有慢，季节有好有坏——在公司三十多年的漫长历史中，什么样的事情没有经历过？

连公司的总裁王烈，也是这么想的。在三月份召开的董事会议上，每一位董事都被眼前巨大的财务亏损震惊到了：销售额大步下滑，花费却涨了两成，现金缺口巨大，利润大幅收窄——事实上，本季度不可能有利润了，只是亏多亏少的问题！

"Fred，你怎样解读这些糟极了的数据？"资深董事彼得差点要当场发飙，他双眉紧锁，怒目而向王烈。

王烈耸耸肩："彼得，放轻松点嘛。你知道几个月前银行已经同意了再给咱们两千万美元的新债券，这个现金问题很快就能解决。销售下降，是因为新产品没有跟上，老产品卖不动……所以我们在新产品研发上加大了投

第三十一章
忽略财务的新总裁

资,费用也增加了……我觉得,下一个季度情况就会好转:资金到位,产品到位,费用减少……请你们再耐心等些日子吧,会好起来的。"他安抚董事们,事实上也是在安慰自己。

彼得不相信他的话,他压根就反对王烈坐这个总裁位子。可是,他一时也想不出什么好法子。董事会里名人济济,除了这位著名的投资银行家彼得,还包括布朗大学的前任校长奥华特,前麻州参议员桑格斯,商界大亨卡波特,他们见多识广,全都对公司的前景忧心忡忡,人人心里都有不祥之感,可也只能在心里叹气:唉,那就再等等吧,看看那小子还能有什么妙招。

可是,没有妙招,没有奇迹,没有救世主!而噩梦,才刚刚开始!

截至三月底的季度亏损之巨大,出乎所有人的预料,高达六千四百万美金!王氏是一所被各界严密监视的大型上市公司,数据一经公布,客户、投资人、供应商、银行……全都大失所望,因此引发了一连串的多米诺骨牌效应:波士顿银行起初答应的两千万贷款打了水漂;四月份,王烈宣布裁员两千两百人,公司高层包括自己减薪百分之二十;王氏的优先股不再受到市场欢迎;开始变卖公司资产,包括好几家先前合并过来的国际公司。

也就是在那时,目光锐利的媒体开始毫不留情地唱衰王氏。备受重视的《商业周刊》文章指出:"从1984年的市场赢家,到1989年的大滑坡,短短五年不到的时间,王氏已经处在灭亡的边缘……"

以前,每一次公司面临危难,都是王博士力挽狂澜,突出重围再起飞。

可是现在,老王安正忙于进进出出麻省总医院,一次又一次地做化疗。每次做完,元气大损,要好几个礼拜才能稍稍恢复,他的体重大减,头发也掉了,经常缺席重要会议。公司里开始谣言满天飞,都猜博士得了重病。最

麻省总医院，王氏门诊部大楼

后实在是瞒不住了，公司才向外界公布：王博士患了癌症，正在努力治疗，计划在 7 月份做手术。这个重磅的坏消息，再一次令王氏的股价大跳水。因为现在，连救世祖都命悬一线了。

在入院做肿瘤切除手术的前一夜，王安无法安睡，心潮起伏。他责怪自己早年一天抽一包烟的坏习惯，又长期因为工作而忽略休息，也没有坚持锻炼。他还没到 70 岁的古稀之年……自己大限已到，那么公司呢？没有他的扶助，儿子真能撑下去吗？他很担心，不太确定儿子是否有那样的能力。

王安的担心确实有道理。他的儿子按说是学商出身，对财务报表应该特别熟悉，对关键数据应该很敏感。可是奇怪的是，八家银行齐齐翻脸，老总们亲自到王氏逼着公司还债——到了那样难堪而且危急的时刻，小王居

第三十一章
忽略财务的新总裁

然在内部会议上怪他老爸："您为什么不早一点告诉我,公司其实早就已经债台高筑!我们和银行的关系不是一向挺好的嘛,他们怎么说翻脸就翻脸!"却没有认真做自我批评。在场的董事们忍不住在心里开骂:连自家财务报表都没有认真看,你这个总裁当得可真轻松!难道是他根本就看不懂?天啊,那就真的太可怕了!

此时,风雨欲来的不安,大难临头的悲观,已经深深笼罩在王氏豪华的大楼内外王氏高层所有人的心里。

第三十二章
银行逼宫二代空
DR. AN WANG

涉世未深的小王并不知道,在资本运作的商业社会里,温情,同情,旧情,最后通通都敌不过金钱。压倒王烈的最后一根稻草,正是来自商业银行的联手逼宫。

王安从 1958 年开始,就与波士顿第一国民银行合作,一起经历了公司成长的许多低潮和高潮,双方互助,生意都是越做越大。在王安公司不断扩张的七八十年代,波士顿第一国民银行也在不断扩大业务,不停兼并其他小银行,在麻省拥有众多分店,并更名为波士顿银行(九十年代又经历了多次兼并更名,现已合并成美国最大的银行——美洲银行)。

王氏很少卖股票,银行债券便成为其最主要的现金后援。纽约的大通银行、花旗银行,还有这间波士顿银行,加上好几家华尔街的融资机构,也都是王氏多年的合作伙伴。

1989 年,当王氏的最新财务数据出笼,其亏损之巨震惊了全部人。各家银行的反应最快,本来已经谈好的种种融资方案,通通叫停。他们纷纷上门,用各种办法衡量公司的风险,在多次谈判未果后,不惜撕破嘴脸,不增资不算,更下了最后通牒,命令王氏立刻偿还到期的大笔债务。

第三十二章
银行逼宫二代空

波士顿银行徽标

老王安急了，其他的银行翻脸他不太上心，可是这家波士顿银行，三十年的风风雨雨都一起经历过，在此危难时刻，非但不帮忙，还跟着其他的银行落井下石！他伤心、愤怒，之后心灰意冷，沉默良久不说话。问急了，竟恨恨地说："太没良心了！他们早在我这里赚了几千个亿了，现在说翻脸就翻脸！我王安偏不还债给他们，大不了申请破产！"

王烈心里，更是恨死了那些见风使舵，只知锦上添花，却不见雪中送炭的冰冷大机构、大银行。可是，他却一直没有认真审视自己作为总裁的责任，没有考虑到这么快就有财务危机，更没有好好反思，为什么银行当年都会给贫穷小子王安送钱，现在却反过来向自己要债？——因为他这个总裁当得实在是糟，令所有的人都失掉信心，看不到公司的未来。

或许从王安一开始决定为公司取名为 WANG 开始，冥冥之中，就注定了他要与这家公司共存共生。事实上，王氏几十年的历史，从王安最信赖的交大同学，他的美国儿子，中国儿子，到美国政、商、学界重量级的王氏董事们，才华超群的电脑业界未来的大佬们——各式配角层出不穷，而主角却始终只有一个，那就是王安他自己。

江山可以传承，财富可以转换，可是尊重与成就，却是凭着每个人的努力才能获得。

王安当时被尊称为"电脑大王"，别说是儿子，任何人都不太容易复制他的成功。

他创造了亚裔在美国从未有过的白手致富传奇：从一无所有的中国穷学生，一跃成为美国东部新英伦六省的首富，最高曾在福布斯全美富豪榜排行第五名（1983年）。这是亚裔（不单单是华裔）在美国财富榜上的最高纪录！

一个人能创造成功，当然也要面对失败。胜与败，得与失，在生命的最后时刻，一切都已是微不足道。现在，王博士最担心的，是如何让生命延续：自己的生命、公司的生命。

数十年来，王安公司就是他事业和生命的全部寄托。现在，他年近古稀，几经折腾，终于把这个价值千亿，全球员工数万的企业交给下一代的"王"——儿子王烈。他以为，公司大事已了，人生责任已尽。儒家的传统教育，子承父业，天经地义，这是儿子的责任，也是父亲的责任。可是，讽刺的是，儿子接手后公司业绩一蹶不振，亏损越来越巨，股票大跌，债主盈门，人心涣散，大厦临倾！

为什么老对手IBM的创始人就能把位子传给儿子，安度百年，越办越好，而我王安却不能？

唉，创业容易守业难啊，江山易攻不易守。要是早一点看清这点，情形可能就会大不相同了。回想到公司盛年时那一群充满活力，创意与傲气同等出色的员工，想到他们知道公司现状后必然的心痛，深深的悔意袭上老王的心头，唉，真是早知如此，又何必当初！

第三十二章
银行逼宫二代空

早期，在公司开董事会的时候，王安经常有意让他的三个孩子去旁听、参与，甚至发表意见。这其实是为父的一厢情愿。后来有董事回忆：在一次重要的会议上，王安最小的孩子茉莉安，竟然中途站了起来，说开会太无聊了，她要走了，去商店血拼。

王氏已经是一家世界级的大公司，董事会的成员都是美国政界、商界响当当的人物。可是碍于有限的股权，无论他们的意见如何，最后的话语权还是在王家。最终，还是王安做最后的决策。

王安当然也清楚自己的孩子并不完美，缺少磨练。管理公司也不一定是他们的所长，甚至不是他们的兴趣。但是他却一直给他们机会，因为王氏姓王，管理王氏是他们天生的责任。子承父业，为父为子，都应该尽责！

如果王家的孩子生在中国，或者有人像王安祖母一样从小给他们灌输儒家传统，说不定，结局也会不一样吧。

可是，空间变了，这里是美国；游戏规则变了，这里崇尚丛林法则；时代变了，从全美国只有数款 MARK 大型机，到小小的 PC 已走进家家户户……

那些年轻有为，后来成为美国科技界中流砥柱的人物，他们去王氏打工，可不是为一个家族效力。他们加盟，是因为王氏是一家真正优秀的美国大型上市公司，在那里他们能够找到发挥个人才能的平台，能产生出类拔萃的、改变世界的好产品。财富当然重要，机会、兴趣和前景也同样重要，在职业选择上，每个人都会有自己的想法，财富之外，都想一展拳脚，施展才华，打造属于自己的职业道路。

对王安，大家都很尊重。对王烈，他们希望这个幸运的富二代，能够成为新领袖，很可惜，在他短短几年的 CEO 生涯里，王烈败得一塌糊涂。

第三十三章
最寒冷的夏天
DR. AN WANG

1989年8月4日，注定了，那是不平凡的一夜。

王安刚刚做完喉部的肿瘤手术，就从麻省总医院回到了家，手术过程中连着声带也受损了，连声音都发不出来。他累了，疲倦地躺卧在林肯镇的家里，只想好好恢复病体。10多个小时的喉部肿瘤切除手术，对一个风烛残年的瘦削老人来说，毕竟是很深的一道坎儿。

同一天，除了王家之外的几个最重要的王氏董事会成员，召开了一次紧急的闭门董事会。大家忧心忡忡，各持己见，一杯接一杯地喝着浓咖啡，甚至烈酒，在激烈的争辩、情绪爆发、和泪痛饮之后，大家毫无异议地做出了一个清醒而平静的结论：为了使王氏不至于立刻崩溃毁灭，王烈，必须马上从总裁的位子退出！一旦王烈离开，新总裁入主，他们就有信心再跟银行谈判，起码能缓个半年一年的，不至于马上破产崩盘。

当晚，资深董事，也是王安的多年好友科比特，专程开车去王安在林肯镇的家里，看到瘦弱不堪，连话都难讲出声的博士，他难受，他愤怒，他恨不得把从小就看着长大的王烈揪出来，不痛揍也痛骂一顿！

可是，他只能忍住冲动、眼泪和情绪，用尽量平静的语气，对王安说："博

第三十三章
最寒冷的夏天

士,很遗憾,董事会做出了这个不可变更的决定。我们也把几个新总裁人选圈了出来,等你的最后意见。"说完,他看看沉默不语的王安,叹了口气,知道他难受,在病中又不能喝酒消愁。他也只好在夜色里沉默,低着头又陪坐了一阵,最后拥抱了老友,忍着泪走了。留下无声的王安,看着书桌,看着电脑上的 WANG 字招牌发愣。

他知道,王安公司早不如这牌子所显示的那样平静与闪亮。在行业内,它早已失去了居高临下、藐视对手的傲气。谣言到处飞,在这座十多万人的城市,王安公司是最大的雇主,政府课税的最大户。多少人过日子都或多或少与 WANG 有关联——或者在那儿上班,或者买了公司股票,或者在王博士赞助的文化机构里上课。事实上,王氏的状况比所有的谣传都糟糕:单单是 1987、1989 两个年度的亏损,就抵过了公司成立 30 年来累积的利润总数!现在,公司资不抵债,濒临破产。而王烈当上总裁,还不足三年!

夏日风暴就在眼前,而大厦的主人王安博士,还是一如既往地沉默。尽管,他面临着一生中最寒冷的酷暑,要做出最揪心的决定;尽管,他才从死神手上把生命夺回,元气大伤。可是,只要一息尚存,他就要做这个决定,讲这几句话。

伤感的情绪只是一闪而过。一辈子理性的王博士知道自己很快又要作出一个震惊世人的重要决定了。正如之前他做出的一次又一次痛快淋漓、改写公司历史的重大决定一样。

儿子王烈走了进来。尽管困顿疲惫充满了他的双眼,白发过早地爬满了他的双鬓,他——虽然有弱点有过错,却是他的亲生儿子,他曾经寄予过无限期望的王家长子!

"爹地,您找我?"儿子俯身关切地问道。

"是的。"王安艰难地说,一部分的疼痛来自他的伤口和喉咙,更大的痛苦,来自他的内心。

"你,要辞职。"

"什么?"儿子大吃一惊,以为自己听错了。

"辞职?!现在?!"

"是的。"老人平静地说。强烈的感情,漫过他的心间,让这个不苟言笑的老人,在儿子转身的片刻,轻轻说出一句他从未对他说过的话:"我……对不起。"

垂着头走着的王烈闻言一震,泪水涌出。他从高中时代就在王氏打工,摸爬滚打,一直以为他就是这里下一代骄傲的君王。而现在,短短的一句话,就把他所有的前尘抹去,就像他,轻轻抹去腮边的泪水……

而这一句"对不起",究竟,又是应该谁对谁说呢?

王安是如此难过,食不下咽,夜不成眠,一个人静坐沉思。

多少年来,和他风风雨雨共同走过的文霭,坐到他身旁。她心里也很不好受,而此刻,只好用她喜爱的莎士比亚十四行诗,来安慰自己,安慰他:

当四十个严冬围攻过后

你美丽的容颜已是沟沟壑壑

年轻的生动傲骄,那么耀目

将成为无人光顾的荒草园

人们会问:那曾经的美丽呢

那青春的宝藏都埋到哪儿了

如你答:都藏在我深陷的眼窝里

那会是彻底的耻辱和无谓的赞美

第三十三章
最寒冷的夏天

那份美丽值得更多的好词

你该答：看看我漂亮的孩子吧

他会为我结账，弥补我的衰老

证明他的美丽和我一模一样

好像你老了之后又重来一遍

血已冰冷却又重觉温暖

这首她喜爱的、寄希望于后代的诗，曾经支撑着她走过许多和后辈意见不合时的痛苦时光。现在读来，无疑就像是个大讽刺。泪水无声滑落，她长叹一口气，握着他的手，幽幽地说："孩子们自有他们的路要走……确实，他长得比你帅多了。"

王安无声地笑了，握着老伴的手，想到过往的辉煌，今日的凄楚，只觉人生如梦。

路漫漫其修远兮。深受中庸思想影响的王安虽然自负，却从不自满。终其一生，他都小心谨慎，收集各种经验教训，认真思考，避免日后犯错。

在人生日落之前，王安为家人、为公司做出的这最后一个重要决定，虽然对日后公司的命运无足轻重，可是，毕竟在他有生之年，又接受了一次命运的教训，并为自己当初的选择，做出了最后的修正。

第三十四章
城头变幻大王旗
DR. AN WANG

王安最终还是让儿子王烈让出了总裁之位,而这个艰难决策的另一半,就是要给王氏找一个新的总裁。也就意味着,王安一生当宝一样坚守着的王氏股权,终于还是要匀给外人——一个并不姓王的陌生人。真是早知如此,又何必当初!

仅仅十六天之后,王博士写了一份声明:"我有极大的信心,新总裁尼克·米勒先生有充分的能力,全面掌管王氏的全部运作。"

作为回报,米勒拥有了王博士曾经做梦也没想到要放弃的东西:王安公司的控股权。

1989年,尼克·米勒与王安签下三年合同,年薪百万,加上大量的股权和分红,他踌躇满志,立志让王氏起死回生。米勒是一位商界奇才,年轻,才40岁出头,却有过多次扭转乾坤的经历。他临危受命,被公司内外视为救世主。王氏股价本来一路走低,却在米勒加盟当天反弹了4%,达到每股6.25元。

米勒的成长也有故事。他书念得不怎么样,却热爱组织活动,大把时

第三十四章
城头变幻大王旗

王安和米勒，1989年

间都泡在校外；又选错专业，报了一个当时热门他却不喜欢的工程系，因此无心向学，成绩够差，竟被大学开除。这种丑事能让一般人羞耻消沉很久，却反倒一记敲醒了他。米勒知耻后勇，一边努力工作养自己，一边刻苦自学。隔年后，他居然又回到原来的大学，并成功拿下学士学位。先面对自己，再面对世界——按电影《一代宗师》里的话，就是"见自己，见众生，见天地"。有了这股劲头，米勒改变了自己的人生。从此，他在商界大展拳脚，曾经的差等生考上哈佛，拿下MBA。后又因缘巧合，救活了两家被认为必死无疑的大型夕阳企业，大赚两笔，也为自己赢来了"企业救世主"的声望。

失败后重新爬起的经历，让米勒非常害怕失败："对别人来说，成功是最大的动力；对我来说，害怕失败才是最大的动力。"是的，害怕失败，让他目光如炬，另辟蹊径；同样，害怕失败，让他躲避风险，短于创新。

可是，王安公司身处的电脑业，永远都在创新与风险的风口浪尖。当时面对的，刚好是一个产业大转型的大时代：商用民用都全方位地从微机到 PC 转换。机会稍纵即逝，风云瞬息万变。新的一代技术与变革，浪潮滚滚，挟势而来。

米勒上任后，在处理债务方面大显身手：分拆资产，卖掉分公司（包括一家台湾工厂）的股份资产，一年内成功地将 5.75 亿美元的债务减到 1200 万。可是，对最关键的产品转型、研发和客户服务，米勒却一筹莫展。他缺乏王博士当年的远见卓识，也缺乏肯宁翰的经验和业内人脉。因为不懂，他盲目乐观，没想到公司已经到了无可挽回的崩溃边缘。

DR. AN WANG

日落长河

邓小平握着他的手赞赏地说："你在美国很出名，现在是家大业大。这可是你自己奋斗出来的啊！"王氏企业的神奇崛起和极速崩溃，是美国现代商业史上最戏剧化的案例之一。

第三十五章
千亿资产归尘土
DR. AN WANG

"我曾孤独地崛起,也当孤独地倒下。"

美国主流媒体说,王氏的快速崛起和陨落,是美国商业史上最富戏剧化的例子之一。

米勒在忙着挽救公司。王安,却躺在麻省总医院的单人病床上,静候着死亡的最后呼唤。回想来路,有欣慰,有遗憾,有忘却,有深痕。

而现在,他只需要温情。

处在风暴中心的王安一家,在此时,却是特别的低调而且团结。背负着毁灭王氏骂名的王烈,在离职的第二天,就开车去哈佛大学肯尼迪学院,要了一份申请表。他一直就想当一名公务员,而现在,卸掉了总裁的责任,人生也翻过了一页。生活还是要继续,老婆孩子还是要养。父债已偿,是时候追求属于自己的人生了。

每天,他和太太洛丽轮流到医院陪伴父亲。他早上去,太太下午去,傍晚是母亲去,晚上多数是妹妹去,如此一天都能让父亲感受到亲情的安慰、亲人的陪伴。王安曾经问过可不可以回家养病,医生们觉得,医院的各种条件要比家里好得多,特别是需要急救时。还不想死的王安想了想,

第三十五章
千亿资产归尘土

也就没有坚持。

王家小女茱莉安,此时也正在疗伤期,情绪低落。她20岁时反叛离家,坚持要和麦克私奔结婚。如胶似漆地过了两年快活的日子,两人常常去看冰球比赛,甚至还想斥巨资把著名的 Boston Bruins(波士顿布恩斯冰球队,老牌强队,曾多次拿下全美冠军)买下来。可惜的是,情势很快就急转直下。麦克与股票经纪人发生争执,开打官司,说对方在封闭式的操作中导致他亏损两百万美金。后来到了1988年,麦克被发现倒在自己的车里,因为一氧化碳中毒而不幸身亡。

茱莉安的心碎了,她刚刚才安葬了丈夫,父亲又重病入院,王氏面临破产崩溃……从前如何风光,现在如何凄惨……可是,她抹去泪水,每天换上欢颜,坐在她亲爱的父亲身旁,或念报,或念诗,或闲聊,或静坐……

王安最喜欢他女儿在他的床头念迪伦·汤玛斯的《不要温柔地道那个晚安》:

> 不要温柔地道那个晚安
> 临老也要在日落时狂欢燃烧
> 对抗,对抗,那将逝的日光
>
> 智慧的人,知道黑暗终将来临
> 却因为前言从未引发过闪光
> 他不会温柔地道这个晚安
>
> 好心的人,在最后的浪头里回想
> 他小小的事迹怎不在绿湾里引来狂舞
> 对抗,对抗,那将逝的日光

勇猛的人，要高歌与飞奔的日头比赛

即使一路都在遗憾地发现跟不上

也不想温柔地，道那个晚安

垂老的人，大限将至，烛火将熄

可渐盲的双瞳还会似火焰像流星，轻盈地

对抗，对抗，那将逝的日光

险恶的仗已打过，财富地位他不在乎，光宗耀祖他当然想万世流芳——那恐怕早已是空梦一场吧！他苦笑，用了很大的力气，想发出一点声音，可是，他的喉头已经发不出半点声音了。

茱莉安赶紧递上纸笔："爹地，您想说什么？"

老王安哆哆嗦嗦地提笔，写下三个大大的英文字：Love you all（爱你们），在下面画线，又加了几个惊叹号，把纸举了起来。

茱莉安忍不住泪水涌流，多少年的记忆在脑海里翻飞：她备受宠爱的童年，沉默而忙碌的父亲，大哥二哥，特别是自己，在青春期与父母的各种争吵摩擦，到后来面临困境时的全家和好与团结，不离不弃，自己任性而不幸的婚姻，丈夫的意外早逝，病危的父亲，危难中的王氏……所有的感受迎面而来，她再也忍不住了，握了握爸爸的手，低头掩面离开了爸爸的病房。

窗外，古树寒鸦，冬雪未化。王博士回想到自己的来路——那难忘的江南故乡，那段战火纷飞，颠沛流离的年少时光。朦朦胧胧，时而清晰，时而空白，他又看到了亲爱的祖母，听到她亲切温软的家乡话："安儿长大了，要做个有用的人哦……"他努力地，沙哑地说："我晓得的，晓得的……"

在单人病房里，王安独自走完他不平凡的一生。1990年3月24日凌晨，王安博士不敌癌症，在麻省总医院安静而孤独地离世。

第三十六章
身后荣衰谁人知
DR. AN WANG

消息传出，众皆悲戚。全球各大媒体都转播了王安博士去世的消息，回顾他卓尔不凡的一生：个人拥有40项专利，23个荣誉学位；美国最富有的人之一，捐赠千万美元的慈善家；总统自由勋章的获得者，白手起家的创业家……

从波士顿到罗威尔，许多建筑下半旗志哀，几千人参加他的遗体告别会。几天后的中午，王安博士的葬礼在哈佛纪念教堂举行。同一时刻，在罗威尔的王氏员工们，午餐时自发地走到总部大厦的门口。一个个，一群群……出现的人越来越多，止不住的泪水的也越来越多。终于人多到可以

▌哈佛纪念教堂

嵌于王安墓前草地上的名石牌，林肯镇，美国麻州

手拉手把大厦团团围住，他们就这样，手拉着手站在一起，一同为他们尊敬的前辈，鞠躬默哀。

同一时间在王氏的澳洲总部，巨大的、正对着悉尼歌剧院的王氏招牌熄灯表示哀悼。在香港，当地专设了告别灵堂。在麻省的兰林俱乐部，他经常坐的桌子放上了"已订座"的牌子，旁边摆着王博士的照片。

时任麻州州长的杜卡基斯，在葬礼上致辞说："每个人都有自己的英雄，王博士就是我心目中的一个。不只是朋友，也不只是同事，他就是美国梦的实现人。他获得的不仅仅是标杆上的成功，他的天才和慷慨，更帮助了其他寻梦的人。"

即使在博士身后，忠诚和尊敬的故事还有很多。

比如说，在王安去世后，他的顶层办公室被公司上下的有心人保护起来，在长长五年的时间里保持和原来一模一样，除了每天清洁，没有人可以进去，就像他还在位时一样。

比如说，在 2002 年，王氏大剧院的主席斯柏汀，还深情地提起二十年

第三十六章
身后荣衰谁人知

■ 王安中学的校徽

前和王博士的那次握手。那一天,王博士微笑着伸出手说:"这个剧院就交给你了。"从此,他义无反顾,全力以赴。数十年过去了,波士顿的各类体育文体中心,名字早就换了一次又一次。王家也早已不是王氏大剧院的主要捐赠者了。最大的金主曾经是花旗银行,剧院的名字,在 2013 年改为 Citi Wang Theatre(花旗王氏大剧院)。花旗银行后来决定全部退出麻州。于是,大剧院又在 2016 年 11 月改为 Boch Wang Theatre(宝萃王氏大剧院)。

为了纪念王安博士对罗威尔市的贡献,当地有一所公立中学以王安博士的名字命名:"Dr. An Wang Middle School"。这所学校 2016 年度的注册学生数目为 679 人,考试成绩在罗威尔区排第二。罗威尔由于长期贫困,其 12 年公共教育的排名在麻省一直靠后,近年的成绩略有回升。十年树木,百年树人,这所公立学校的名字,就是一座城市对王安博士长久的敬意与感谢!

1990 年,王安去世时,WANG 字的蓝白招牌,还在寒风中微弱地闪烁。

可是,这个王朝,很快也随王安而去。米勒最终证明,他无力把王氏带出深渊。1992 年初的财务报表公开之后,谁都看出了王氏早已泥足深陷,

1986年，在自由女神像前，王安被里根总统授予"总统自由奖章"

二月份，王氏股价在一天之内从 75 美分跌至 37 美分，跌了 50%，所有的股民和机构都疯狂抛售王氏股票，公司败局已定。

而在王安在世时，公司股价的高峰为 42.5 美金。那真是巅峰与谷底的差别。

1992 年 8 月 18 日，在三年亏损总数超过 14.6 亿美元之后；在股票大跌至 0.35 元，还在"跌跌不休"之后；在一波接一波的大裁员从三万多人减到一万多人之后；在客户大量流失不再回来之后；在银行债主天天追债的巨大压力面前，米勒无计可施。就在这一天，王氏申请破产保护。

WANG 字的蓝白招牌，终于还是熄灭了。从 1951 年到 1992 年，注定了，王朝只有一代。

第三十七章
一座大厦的前世今生
DR. AN WANG

可是，这个故事还没有结束。在很多人的努力之下，王安公司改组，在破产法的保护下，免去债务，削减人员，重新找到投资人。1993年，公司走出破产保护，成为一家和王家没有股份关系的新公司：Wang Global（王氏国际）。为了节省支出，这家已缩减到8 000人的公司搬出王氏总部大楼，回到之前在托斯百利的简陋办公楼。宏伟的王氏总部大楼，则变成了法拍物业。

波塔奇河边，王氏总部那几栋价值数千万美元，占地六万五千平美轮美奂的办公楼地标，又将花落谁家呢？

前世：从二十世纪七十年代中开始，她一层层地长高，一次次地舒展，见证了王氏最辉煌的时刻，让古老的纺纱城重获生机。她受到如潮好评，迎来冠盖云集。英储查尔斯王子80年代访问波士顿时，受其盛名吸引，特意前往，登楼参观。

那是一个晴朗的日子，王安陪伴在查尔斯身侧，露出了难得一见的开怀笑容。他刚刚成人的小儿子，腼腆地跟在年轻英挺的王子后面。那真是一幅很美好的画面。

二十世纪八十年代，英国王子查尔斯参观王氏大厦

这座颇具盛名的建筑杰作，由三栋十二三层高的大楼连接在一起、呈W形的银白色华丽大厦，当时保守的估计是用了六千万美金建成（七十年代的价位，现在要乘上六倍），每年的维护费用两百多万美金。

即使在美国深陷金融危机的1993年，也就是王氏破产之后一年多，政府对大厦建筑的估价也高达四千三百万，还不包括土地价和地面上建好的成千上万个泊车位。

1993年8月，已经瘦身为六千人，期待走出破产保护的王氏国际只需要2.8万平方米的办公空间，大楼二十万平方米的空间对公司来说显得过大，新总裁图斯也不愿再负担每年两百多万的大厦维护费。在久觅新租客没有进展的情况下，董事会于是决定把大厦归还给按揭主，用以免除余下的一千多万按揭贷款。

第三十七章
一座大厦的前世今生

用价值四千万的不动产抵消一千万的现金欠债,这本来是一个对双方都相对合理的安排。可是接下来匪夷所思的故事发展,却让所有参与者和局外人都大为震惊。

1994年2月15日,在这个寒冷的新英伦冬日里,久负盛名的王氏总部大楼在伯宁顿的一家酒店里被无声无息地拍卖。过程只维持了十分钟,参与竞拍者寥寥无几。谁也不清楚这次拍卖为什么准备得那样仓促,过程又是怎样的无奈,反正当拍卖结果公布的时候,所有人都以为自己的听力或视力出了问题:估价至少四千万美元的大厦,被两个初出茅庐的地产无名之辈以52.5万美元的超低跳楼价买下!

消息一出,全城哗然。这个价位,也就是在罗威尔当地买一到两家普通平房的价钱,居然就可以拥有这座六万五千平的豪华地标!可想而知,此事激起千层浪,各方反应不一,有质疑结果要求重拍的,有大声批评事前没有广而告之的,更多的却是痛心疾首错过拍卖的(包括始作俑者王氏国际本身)。马上有地产商愿出10倍的价钱转手。沸沸扬扬,终于还是尘埃落定,被法官裁定拍卖合法。

兵败如山倒!总部大厦以如此低价转手,更增加了王安故事的戏剧性,新添了人去茶凉的悲剧色彩,也从一个侧面证实了当年金融危机对麻省的影响是多么深重。仓促拍卖对主办者也是一大教训,给卖方造成了巨大损失。(安泰保险公司和罗威尔市在这项交易中共损失过千万。)

有败者,就有胜者!在一个自由的市场中,机遇总是青睐智慧与无畏者。当年王安就是那样成功的,这一回,幸运的轮盘转向艾华拉都和他的伙伴凯利。他们原本默默无闻,在一家保险公司当注册会计师。因为工作关系,很熟悉房地产拍卖这个领域。这一次,他们看到了好机会,果断出手,

拿出自己的存款十万美元，再用三十天时间凑满余款。之后，二人把工作辞掉，专心管理这所大厦。

从此，这栋大厦有了个新名字：Cross Point Towers（十字口大楼）。

之后，美国经济走出低谷，房地产又重新开始起飞。1998年，大厦以一亿美金的价格转手。从五十万到一亿，翻了190倍，只需短短四年。两个名不见经传的地产新手，在这个充满传奇的地方，又添上了一个地产界的神奇故事。

这就是她的今生，时光流转，人物更换。而她依然优雅地站立在波塔奇河边，迎来日出，送走日落。

▎2016年，更名为Cross Point Towers的前王氏总部大厦

另章一
乡音无改游子归
DR. AN WANG

二十世纪七八十年代，王安公司声誉日隆，也正是在那时，中美两国经过了长长的冰冻期，终于破冰回暖，迎来握手的一刻。

中美开始建交的消息传来，王安坐不住了，远方故乡的呼唤，一夜比一夜强烈。他又是出了名的行动派！于是，在1975年的上海，出现了一位神采奕奕的中年人，他放下在美国的繁重事务，放下新的总部大厦快要开张动土的忙碌，更是打破了轻易不坐长途飞机的习惯，只带了两名随从，从波士顿辗转飞到上海。

他的亲弟弟王平，此刻正紧张地坐在黄浦江边的大饭店里，等待着兄弟三十年后的首次相见。他努力地回想哥哥当年的样子：才二十多岁，灵敏聪慧，在赴美之前匆匆回乡和弟妹们告别。当时还在打仗，很多陆路都是不通的，不知道他要费多少周折才能辗转回家。身体不好的姐姐那时还健在，姐弟两人不停地在说话，姐姐不断地拭泪，哥哥也是眼圈通红，而他，当年才是十几岁的少年，插不上嘴，只低头陪坐在一旁。谁会想到呢，这匆匆一别，沧海桑田，竟已过了三十个春秋！

有人疾步走到他的跟前，他条件反射般跳起，只需要一眼，他就知道眼

王安全家福。前排王氏兄弟夫妇，后排王安的三个孩子

前站着的，正是他自小又爱又敬，又一直思念着的大哥！他哽咽地喊出一声："哥……"两人同时伸出双手，把对方紧紧拥抱，泪水同时爬满了两张沧桑的脸庞，一切的思念，痛苦，爱与恨，都在滚热的泪水中软化，升腾；浓浓的亲情，隔不断的故土情，把三十年的距离拉近。

从此，王安对故乡的关注，对中国的热爱，更为深切。改革开放之后，他成为第一位以私人捐款帮助大陆学生赴美留学的企业家，由他弟弟王平在上海亲自把关，就像当年王安赴美一样，精选出优秀的人才出国留学。

80年代初，王安公司的业务蒸蒸日上，王安本人也成为华人首富。他多次赴中国访问，出席各种高层场合，手下的美国人当然对他很尊重，唯他的命令是从。那时外国人在中国还很稀奇，国内的企业少有做到国外的，更没有多少中国人当上国际大公司的董事长。王安在美国事业的成功，广受

另章一
乡音无改游子归

称颂，但他却为人低调，颇为独特，让所有的人——不分国籍——印象深刻。

归根结底，是他深沉的儒家思想——修身养性，仁义礼智，父子有亲，君臣有义，长幼有序，朋友有信——成就了他，是他在慈善事业上的不求回报、服务社会，赢得了众人尊重。

在王氏最辉煌的1976—1984年间，王安公司作为美国最出名的电脑公司之一，吸引很多精英前去工作。

保罗·顾西，他在1981年加入王氏，现任麻省商会主席。

约翰·钟柏斯，也有在王氏的工作经历。他后来成为通讯巨头思科公司的CEO，长达数十年。

约瑟夫·图斯，在米勒之后接手王氏。他后来成为麻州著名高科技大公司EMC的总裁和董事会主席，一直任职到2015年。2016年，EMC与戴尔电脑合并，成为一家雇员近二十万人的超大型技术公司。

这些如雷贯耳的美国高科技领袖人物，都曾经在王氏工作过。

1986年7月，在隆重庆祝美国建国二百一十周年的大典上，在百岁自由女神的脚下，里根总统亲手给王安戴上了自由勋章——美国平民的最高成就奖。在那个风和日丽的下午，王安与其他优秀的各族移民欢聚一堂，回首来路时的一无所有，到今天站到财富与荣誉的顶峰，感慨万千。第一次，他从心里认同了自己的美籍华裔身份，名成利就，惠泽后人，顿觉此生无憾矣。

里根总统1984年访华，发表演讲时，他也特别提到过王安博士，称赞他对社会的贡献，也不忘提到，他的奋斗历程，就是美国梦的实现。

1988年，王安再获殊荣，被列入美国发明家名人堂。包括爱迪生等68人在此前入选该榜。一直到现在（2016年年底），荣登美国发明家名人堂

的华人，也只有王安和电机工程学家卓以和（2009年入选）。

当年还没有在国际舞台上广获自信的中国人，从成就斐然的王安身上，看到了东方的智慧、自信，还有努力的光辉。

这正是王安博士当年不甘受歧视，创立公司的初衷吧。他承诺了，也做到了！

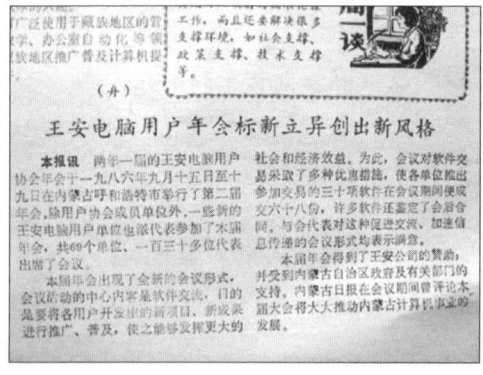

1986年《中国计算机报》对王安电脑公司的报道

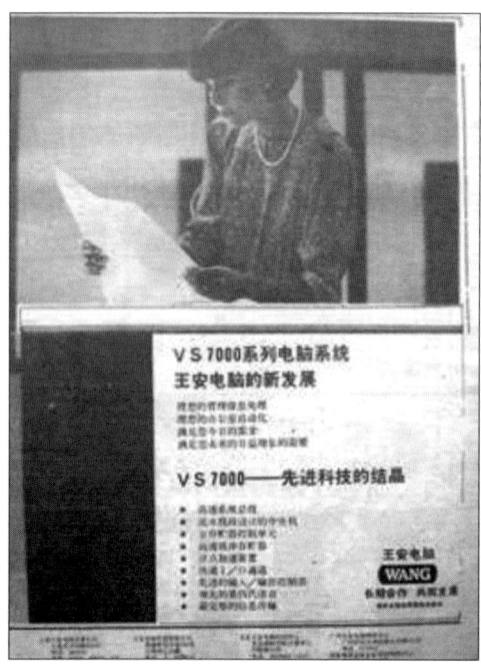

王安公司1987年在《中国计算机报》上刊登的广告

另章二
惠泽后人慈善王
DR. AN WANG

成功哺育成功。从工程师、发明家,到创业家、企业家,再到慈善家,王安每一次的身份转换,从容而自然。

1983年,王安在美国财富榜上开始了他惊世的入场:以十六亿美元登上该年度福布斯富豪排行榜第五名。《福布斯》在榜单中这样介绍王安:"他二十八岁发明电脑存储磁芯——作为重要的电脑部件,被业界用了二十年。他于1951年成立王氏,第一年的公司营收仅一万五千美元,此后,公司每年的成长率达百分之四十到五十,现今在电脑文字处理领域居领导地位。"

到1986年前后,王安公司达到了它的鼎盛时期,年收入二十亿美元,在世界各地雇用了三万多员工,成为新英伦区的首富,全球华人首富。

那架豪华的有专门休息室的私人飞机算是公司资产,而王氏夫妇名下的物业,除了林肯镇的房子,还有在波士顿海湾的高级公寓,旧金山的别墅,夏威夷海边的度假屋,龙虾湾海边的大别墅……

上了年纪,王安喜欢当慈善家,大手笔的捐赠让他心有慰藉,能让他抽离公司杂务的烦恼,更能收获盛名。他开始有选择地涉入慈善事务,和他一

贯的做事原则一样：看清需求，敢为人先，说到做到！

　　王安作为美国少数族群里的杰出人物，被各方重视，头衔很多。他当过哈佛大学的监督会成员，波士顿银行的董事，波士顿学院的校董，东北大学的校董，麻州高等学院的董事，更被全美几十所大学授予荣誉博士的称号。

　　王博士一开始涉入政治，是为了王氏扩张的需要，他一直和当地官员维持着良好的关系，寻求一份双赢的政经平衡。现在，则是要面对众多政界人物的要求和提议。麻州是美国民主党的重镇，他很自然地成为该党的忠实支持者，支持爱德华·肯尼迪当参议员，卡特当美国总统，杜卡基斯当麻州州长。

　　入了政治圈，就少不了要承担社会责任。王安本人已届花甲，名成利就，心里也正想回馈社会，于是承诺：愿尽一己之力，支持社区的教育、文化、

▌门口有两只中国石狮子的哈佛燕京图书馆

另章二
惠泽后人慈善王

医疗事业和人文的传承。

八十年代，王安博士成为哈佛大学东亚研究所和燕京图书馆的最大资助者，和当时主管哈佛汉学的费正清教授成为好友，全力支持汉学的异域生存。为此他慷慨捐赠了几百万美元。

哈佛大学的燕京图书馆，典雅古朴，里面保存着完好的中文珍贵典籍，让后人叹为观止——包括明清时代的文献，从12世纪到19世纪的珍本、孤本藏书，当然还有最新的现代图书。早在1879年，因为远东贸易的需要，哈佛大学开班教授中文，第一位请来的老师，名叫戈鲲化，宁波人，他从江浙故乡带来了不少典籍文书，离任后，把书都送给了学校。后来，得益于一代又一代的名家教授和热心人，燕京图书馆的藏书不断充实，从原先中文、日文为主的书籍扩展到整个亚洲区域，哈佛大学更成为全球研究东亚历史和文化的重要机构。

大约在1984年左右，波士顿中城古老的大都会剧院，面临严重的财政危机。这座原本金碧辉煌的三千六百座百年大剧院，连年失修，内部设施严重老化，在某次演出前，一座水晶大吊灯突然坠落，差点弄出人命事故。剧院被迫关门，失去观众和资金，管理人员看着眼前的废墟，一筹莫展。而全面整修，他们算了一笔账，要八百万美金！尽管院方多方奔走，谁也无法承诺这一大笔钱。

终于他们找到了城中首富王安，对这位寡言低调、略带神秘的东方人，谁也没有抱多大希望。

一向很少干涉丈夫决策的文霭，这次却例外地投入了关注。她记得五十年代时这座剧院的盛况，常常上演电影、歌舞剧，甚至莎士比亚话剧。她可以想象，一旦失去了这座新英伦区最大最华丽的剧院，波士顿中城有着

■波士顿中城，金碧辉煌的王氏大剧院

■富丽堂皇的波士顿中城文化地标——王氏大剧院

另章二
惠泽后人慈善王

数百年历史的戏院区,也就失去其最炫目、最悠久的光彩。

于是,喜爱文艺的文霭对丈夫说:"咱们还是想想办法吧,这么美好,又那么有历史的一座剧院,又近唐人街。"

王安"嗯"了一声,没有说话。

第二天,他一早就打电话给项目负责人:"我同意加入拯救这家剧院的工作,你们筹到多少款项,我等值再捐助一次……也就是说,你们要是能够筹满四百万,我就出四百万。"

项目负责人听傻了,感激得连话都说不出来,他奔波多年,许多富翁、大集团公司都拜会过,谁都没有承诺超过百万金。没想到竟然是这位来自东方的绅士,真正做到雪中送炭,拯救一座西方文化的殿堂!他颤抖着声音含泪回答:"谢谢您王博士!我们一定不负重托,尽快把钱筹够!"

王安的义举引发各方支持,捐款很快就筹够了。两年后,这家濒临绝境的古老剧院重归辉煌,美轮美奂,以更惊艳的形象回到公众的视野。这让每一个表演者都感到兴奋,每一个落座的观众由衷地惊叹视线所及的华美与恢宏,与舞台艺术相得益彰,浑然一体。

为了纪念王氏夫妇的慷慨,这座大剧院从此更名为: Wang Theatre,王氏大剧院。

很多年之后,文霭通过朋友们才知道,正是因为自己当时的一句话,让热爱妻子,却鲜有甜言蜜语或者浪漫表白的王博士,当场就决定了要让这座文霭一直喜欢的大剧院重焕光辉。

在医疗领域,王安同样慷慨,他最大笔的捐款是送给麻省总医院的大礼,坐落在查尔斯河边的崭新的王氏门诊中心大楼。头笔捐款四百万美金。

此外,他还投巨资在玛丽麦河边建王氏学院(王安去世后合并到波士

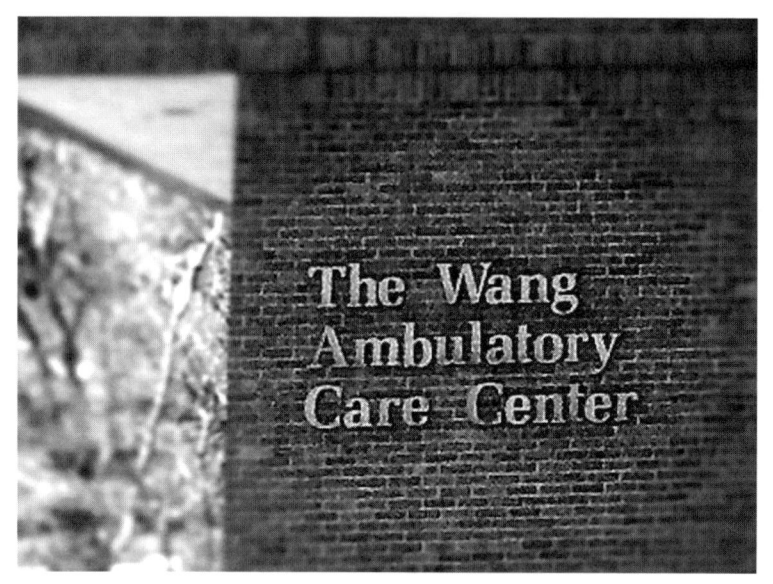

麻省总医院，王氏门诊部大楼

波士顿唐人街，王氏青年会

另章二
惠泽后人慈善王

▍1986年，王安在人民大会堂受到了邓小平的接见

顿大学）——一所培养科技专才的研究院。其他的慈善项目包括在唐人街附近的一座工业大厦，一间中美艺术交流的文化中心，以及后来的王氏青年会，林林总总，超过三千万美金的慈善捐款。在华人普遍低调的80年代初，王安堪称慈善王。

他也怀旧，想念着他从小出生长大的上海和昆山。故国山河仍在，故人音容却渺。在战乱中他失去了双亲，出国后又失去了亲爱的姐姐。故乡的回忆，残留下几个年幼的，他统共才见过几次面的弟妹。可是，思乡之情是如此的迫切，他忍不住成为中国改革开放后最早期回国探亲的海外华人之一。1986年10月，邓小平在人民大会堂会见王安，握着他的手赞赏地说："你在美国很出名，现在是家大业大。这可是你自己奋斗出来的啊！"并提出，希望能够用他的财力、人脉、声望，为中国培养人才。王安听了直点头。

他说到做到，回美后就专门设立奖学金，仿照几十年前他通过严格考试出国的方式，由他的亲弟弟在上海亲自把关，把一批批顶尖的中国学者、学生，送到美国留学深造。

1986年赴美留学的老沈，就是拿到王安在上海设立的专项奖学金，到罗威尔大学（90年代后合并成为麻州大学罗威尔分校）留学深造的。他在国内工作过，通过严格的考试，才获得了奖学金。王安显然想重现40年代那种模式：专挑专业成绩超凡的优秀人才，特别是有工作经验的，来美国学习、实习。这项留学计划进行了好多年，直到王安去世后才停止。

王安自己在自传里说，儒家的礼义教育让他有一种回馈社会的义务和责任，他在80年代捐出去的款项远远比他在同期得到的收入多。麻州州长杜卡基斯在多个场合说：在这个州，不知多少人要感谢王博士，感谢他对社区的慷慨付出。

当然，风言风语从来都不会消停，有人说他这样做，是为自己立碑扬名，光宗耀祖。面对方方面面的评论，王安从不在意。他做事做人，从来都是遵从自己的内心。成功失败他都尝过，睡山洞睡豪宅他也试过，山珍海味和粗茶淡饭同样美味。年近古稀，身外之物早已不稀罕，唯求一生无悔，公司有继，惠泽后人。

终 章
日落长河枭雄远
DR. AN WANG

时光荏苒，新千年的曙光很快就要来临了。

王氏国际在新总裁图斯的带领之下，彻底淡出曾让王氏风光无限的电脑硬件业，全力转向软件服务业，竟获得一线生机。图斯原是优利系统的美国总裁，很熟悉电脑业。他转向微软，寻求合作，最终把王氏的映像软件做成 Windows 95 的一个组成部分，公司从此起死回生，走向新的发展。

1999 年 5 月，前途看好的王氏国际被荷兰软件公司资信利以 20 亿美元的现金买下，两者合并。因为在欧洲，许多用户都会把 WANG 和破产公司的负面形象联系起来，所以董事会决定，放弃那个耳熟能详的公司名字。

半个世纪以来一直跟踪报道王氏的《波士顿邮报》在报道这则消息的时候，充满感情地写下这个大大的标题："Good Bye，WANG！"

是的，王安，王氏，王氏国际，作为一个实体的存在，终于在新世纪的钟声敲响之前，真正地落幕了，湮灭在历史的风尘之中，消失在永不停息的技术变革浪潮里。

达茅斯商学院教授芬克尔斯坦在他的名著《从辉煌到湮灭》里，总结了许多著名高管失败的案例，也包括王安。他认为，王安的天赋和性格，优

点和缺点，他的控制欲，是他获得辉煌成功的原因，同时也是最后一败涂地的由来。他把王安比喻为古希腊的悲剧英雄，成功与失败都同样悲壮，名留青史。

是的，当年王安不愿低人一等，寄人篱下，他特立独行，在充满了歧视与困境的五十年代，一举创业成功。可也因同一份的固执与独立，让他太过于自我，在最后关头没有选择兼容开放的产品平台，错过了新一轮的产业革新大潮，导致了王氏最终被淘汰的命运。

王安的另一个致命错误，是把少不更事的王烈强行拉上最高管理层，而不是广开思路，在公司内部或在外海选最合适的企业继承者。王烈本人不笨，从高中时代就开始在公司底层做起，对公司熟悉而且有感情。他在后来两派激烈斗争的关口，没有选择退缩，也说明了他有一定的事业野心和个性，并不是一个软柿子。可是，这些并不能证明，他就是王氏当时最合适的掌舵人。年轻的王烈没有遗传到他老爸的少年老成和发明天才，也没有经历艰苦环境的打磨，在内外交困的危急时刻，无法成功地指挥一个复杂的跨国万人团队。

没错，王安当年就是被父母拔苗助长，自立成才的，他以为，这样的成功可以在还没成大器的儿子身上复制。这种一厢情愿的想法，在他本人一手操控下，在他的独立王国里还真的实现了。但是结局，却是实实在在的悲剧。

可是，王安是一个对环境的适应，对教训的汲取，对机会的把握，都有着异乎寻常能力的奇人。他的思想并不守旧，并不惧挫折，更不会故步自封。在最后明了自己的错误时，他果断撤掉亲生儿子的总裁职务，拖着病弱

终 章
日落长河枭雄远

■王安公司1951年6月—1992年8月使用的logo

■王氏国际1993年—1999年5月使用的logo

之躯,积极寻找能让企业重生的良人良方。他甚至找到比尔·盖茨,希望能和他联手,重拾辉煌。他到最后时刻并没有吝惜他的控股权,愿意放手给米勒……如果他还能活十年,谁知道情形又会怎样呢?

2003年还有评论文章说,如果王安晚年能抛开心结,意识到个人电脑时代已然到来,以王氏当年的市场份额和绝对的技术优势,今天世界电脑产业的格局或许会改写。

美国主流媒体说,王氏的崛起和没落,是美国商业史上最具戏剧化的例子之一。王安还是美国发明家协会的殿堂级人物之一,一生拥有四十多项发

明专利。他最初发明的电脑记忆磁芯，公司团队后来推出的计算器、文字处理系统，都是载入美国商业史册的重大发明。

王氏，更为美国科技界培养了许多优秀人才。

保罗·顾西原来是众议员，曾任麻州商务部长。他在1981年加入王氏，任副总裁之位长达十年。他一直是著名的商界领袖，现任麻省商会主席。

约瑟夫·图斯成为米勒之后的王氏国际新总裁。他是一个有着远见卓识，又长袖善舞的公司领袖。正是他，把王氏国际拉出破产泥坑，成功地转身为一家盈利的软件公司。之后，图斯成为麻州著名高科技大公司EMC的总裁和董事会主席，一直任职到2015年。

而另一家著名大公司思科刚刚离职的总裁约翰·钟柏斯，也有在王氏的工作经历。他勤奋上进，1987年，才三十多岁的他加入王氏，并很快就成为美国部副总。1991年，他加入思科，开始了辉煌的CEO生涯。

比尔·盖茨多次在公开场合提及他对王安的景仰。2009年11月12日，沃伦·巴菲特和比尔·盖茨参加了CNBC电视频道在纽约哥伦比亚大学召开的主题为"让美国继续伟大"的公开集会。比尔·盖茨说："在科技行业，我最景仰的两个公司，王安电脑和数据设备公司都破产了。因此我觉得，市况总有起落，一些公司会被淘汰，我并不会对哪家公司出局感到失落。"

他，才是那个真正从王安故事中得到教训的人！在经历了微软无可比拟的巨大成功，成为全球首富多年之后，他早早就安排了周详的退休计划，在人生盛年，急流勇退，全身心投入到慈善事业。他的孩子们还小，他也早早说了，不会把遗产都留给孩子们。他和巴菲特，在全世界积极推行"裸捐"的做法。王安的惨痛教训，他真的是铭记在心，一样都不会重复！

终 章
日落长河枭雄远

▎七十年代的王安

而曾经和王安有过多年恩怨情仇的 IBM，一直紧跟市场与技术大潮，调兵遣将，一次又一次做出痛苦却必须的战略大改变。到了今天，半个多世纪前首推商业电脑的 IBM 仍然是全球最受尊重的技术公司之一，最有价值的美国品牌前十名，全球股市的大蓝筹，一直保持着良好的营利能力。2005 年，IBM 决定淡出 PC 硬件行业，其最出名的品牌包括 ThinkPad 在内的全球个人电脑业务被中国公司联想买下，成为轰动一时的大新闻。老对手王安泉下有知，欣慰乎？皱眉乎？

远在上海——王安的家乡——也还是有人记得他。在 2002 年政协会议上海委员会的一篇文章里，作者李天震用"大写的中国人"来形容王安。

"1984年，美国前总统里根访华，曾在复旦大学的演讲中谈到三位令中国人和美国人共同为之自豪的美籍华人，他们是王安、贝聿铭和李政道……乡情是王安先生身上最敏感的一根神经。"

1986年，王安在上海投资办公司，在现场，王安的话简短、朴实，却很动感情："回到中国，对我而言就是回家，游子回家；投资祖国，是回报，也是游子的一份责任。"

1979年，他率先回国设立联络处，投了百万美元资助哈佛大学东亚研究中心从事中国问题研究，花六百万美元建立"王氏研究院"专供赴美中国学者使用，鼓励他们多出成果。"要奋起，中国人要自强！"他在答谢词里说。

大浪淘沙，产业洗牌，这已是一个新的世界，新的千年。

伫立在波士顿中城的辉煌地标王氏大剧院，几十年过去了，WANG的中间名还能得以保存，是为着一份历史，更是一份尊重。

在查尔斯河边，属于麻省总医院的王氏诊治大楼还没有改名，迎来送往着各地或寻方问药，或救死扶伤的人们。

美国已变，对华人歧视不再；科技发展一日千里，少年天才辈出。从19世纪的罗威尔到现在，从机器织布，到电脑，到网络，就是一代接一代的创新精神的延续，也是这个移民国家得以不断更新发展的重要力量。而王安故事中的辉煌与落寞，成功与失败，只是无数精彩的创业故事中的一个。

王安的故事，是一个生动的留学生创业的故事，发生在没有网络、没有风险投资，却有着明显种族歧视的20世纪50年代初。从一人一桌到身拥百亿，他的成功是一个活生生的美国梦的实现。然而，江山却只有一代，

终 章
日落长河枭雄远

这和他本人又有着怎样千丝万缕的关系？王安在传记里，有说到儒家的传统思想对他经商的影响；也讲到他的成功，是经过一个又一个的教训，历练而来的。他更用公司多年和 IBM 交锋的例子，充满信心地预见将会有一天能和 IBM 平起平坐。可是，后来的事实证明了，他一生最大的教训之一，是把中国传统的传宗接代思想，生硬地套入并没有这种传统的美国企业环境之中。

什么都可以改变。改变不了的，是历史。

青山依旧在，成败转头空。远在罗威尔的老王氏大厦，仍在波河边静静矗立，巍峨如昔，拥抱着新世纪的朝阳。

■罗威尔，百年不变的长河落日

DR. AN WANG
王安/王安公司大事年表

- 1920年　王安出生在中国上海，普通人家
- 1933年　以昆山地区第一名的成绩，考取省立上海中学
- 1936年　16岁，以江苏省第一名的成绩，考取国立交通大学
- 1941年　上海沦陷，加入国军中央技术部，任无线电小组长，为抗战辗转全国各地工作
- 1945年　25岁，考取公派技术考察员第二名，赴美国学习工程技术
- 1946年　用两个学期，获哈佛大学应用物理系硕士学位
- 1948年　用16个月，获哈佛大学物理系博士学位
- 1948年春　在哈佛电脑研究院工作三周后，发明电脑记忆磁芯。此发明被广泛认为是现代电脑发展的里程碑事件之一
- 1949年　和邱文霭女士结婚。同期申请电脑记忆磁芯的发明专利
- 1951年　辞去哈佛的研究工作，下海创业，公司以自己名字命名
- 1957年　与IBM达成协议，磁芯专利以50万美金卖出，并且成为IBM大型机的部件之一，一直用到1970年
- 1964年　买下托斯百利镇的30万平米土地，公司进入高速扩张期
- 1965年　王氏推出一款小型计算器：轰动市场的第一代LOCI，此为WANG旗下的第一个优秀产品

- 1967年　前程远大的王安公司在纽约上市，一夜成名，成为华尔街和市场新宠
- 1976年　WANG文字处理机上市，引发轰动效应，王氏进入疯狂扩张期，此后连续30季销售额增长比率高达30%。同期入驻罗威尔的王氏总部大厦
- 1980年　王安把自己执掌了29年的产品开发部交给儿子王烈掌管
- 1983年　王安宣布退休。肯宁翰任CEO
- 1986年　王烈成为王氏CEO
- 1988年　王安入选美国发明家协会的殿堂级人物（名人堂）
- 1989年　王安撤掉王烈CEO一职，米勒成为王氏新CEO
- 1990年　王安不敌喉癌去世
- 1992年　王氏申请破产保护
- 1994年　城市地标王氏总部大楼被无声无息地拍卖，以估价的数百分之一转手。同期，王氏走出破产保护，变身为王氏国际
- 1999年　王氏国际被荷兰软件公司资信利以20亿美元的现金买下，两者合并，王安公司从此在商界消失
- 2010年　100多位前王氏员工自行组织"WANG全球大聚会"，地点在欧洲的比利时，回忆往事，联系友谊
- 2016年　王安太太邱文霭，以95岁高龄离世

部分参考书目
DR. AN WANG

1. Lessons (An Autobiography), by Dr. An Wang, with Eugene Linden, Addison-Wesley Publishing Company, 1986.

2. Riding the Runaway Horse—The Rise and Decline of Wang Laboratories, by Charles C. Kenney, Little, Brown and Company, 1992.

3. Dr. An Wang, Computer Pioneer, By Jim Hargrove, Childrens Press Chicago, 1993

4. The Fall of the House of Wang (company profile), by Daniel Cohen, Business Month, Feb 1990

5. "Pay back the past" In momory of An Wang, by Al Furst, Electronic Business, April 30, 1990

6. An Wang: getting to the essentias, By Karen Berney, Nation's Business, Dec 1987

7. Lasting Fame, honorable invention. (An Wang) (Fortune People), by Nancy J. Perry, Forturn, April 25, 1988

8. Fathers and sons. (in corporate management), by Ellen Wojahn, Inc., April 1990

9. An Wang, Inventor of Magnetic Core Memory, Successful Entrepreneur & Philanthropist, By L.B.Leung, Portraits of Pride II (Chinese-American Legacies—first 160 Years in America), 2000

10. Finkelstain, "Why Smart Executives Failed"（中译：《从辉煌到湮灭》）

部分参考书目

11. Erika Lee, "The Making of Asian America, A History" Simon & Schuster Paperbacks, 2015
12. 《教训》中文版，王安著，时报文化出版企业有限公司 1986 年版
13. 《华人电脑帝王——王安》，国祥编著，四川大学出版社 1996 年版
14. 《王安最终失败在家族观念上》，白光著，载《经济论坛》1999 年第 20 期
15. 《IT 史记之华人英雄篇》，方兴东、王俊秀著，中信出版社 2004 年版
16. 《王安：一个大写的中国人》，李天震著，中国人民政治协商会议上海市委员会网站，http://law.eastday.com/node2/node22/lhsb/node1393/node1406/us erobject1ai7718.html
17. 《王安的悲剧根源》，方兴东著，载《管理观察》，1999 年第 10 期
18. 《王安之训：接班人成公司掘墓人》，姜汝祥著，载《管理与财富》，2007 年第 9 期

注：

除了上列的书目和文章，还有许多未列的参考文章来自网络搜索，波士顿图书馆，麻州大学图书馆，以及罗威尔的美国纺纱博物馆。特别是 80 年代到 90 年代的《波士顿邮报》和《罗威尔太阳报》里的不具名旧文章，提供了很多当年的信息。

附录1
与前麻州州长，美国总统候选人杜卡基斯的对话
DR. AN WANG

2014年初春，一个相当偶然的场合，我遇到前麻州州长米高·杜卡基斯，我们聊了起来。没想到这位早已从政坛退休的前总统候选人（1988年民主党候选人，对手是当时的副总统老布什），竟然是王安的旧友，两人曾经有过多次接触，在公益、社区、文教方面有多次合作。

■ 杜卡基斯在1988年竞选总统时的佩章

二十世纪七八十年代，麻州政经两兴，那真是一个黄金年代。杜卡基斯政绩彪炳，深受欢迎，是麻州历史上在位最久的州长，前后供职十二年（1975-1979年；1983-1991年）。

他很健谈，欣然同意我为这本书采访他。于是，在他任职政治系教授的东北大学，在他不大的办公室里，我们有了如下的对话：

我：请问您是什么时候和王博士认识的？您对他的第一印象是什么？

杜：我是70年代认识他的，那时我刚刚当选为麻州州长。王博士是一

附录1

与前麻州州长，美国总统候选人杜卡基斯的对话

个非常友善，举止得体，又绝顶聪明的人。我上任那时，麻州正面临双重经济危机：一方面是全国性的经济衰退，另一方面是本州经济产业转型的危机。最糟糕的城市是罗威尔，那里基本上没有什么新兴工业，又要收容难民，失业人达 20% 以上，很糟糕。

我：1989 年我在罗威尔念书，那时也正是一场新的经济危机，城市看上去真够凄惨的……

杜：（笑）1989 年要比 1974 年好不知道多少倍。70 年代初那时才真叫糟糕，基本上没什么亮点。

我：我感觉 1989 年那时也是的啊，好悲伤的一个城市。整个中心商业区没有几间店是开门营业的。

杜：（再笑）70 年代那时，更加悲伤。传统的纺纱制造业，不是南移到墨西哥，就是东移到韩国，或者其他成本更低的地方，还要接纳大批的难民（越战时的越柬船民）……反正一团糟。我们当时很努力地游说王博士，希望王氏能搬到罗威尔，他真的承诺了，当然也做到了，还建了王氏大厦。后来还有其他企业的进入，城市从此走出深谷。

我：您亲自游说他的？您好像跟罗威尔有很深的渊源？

杜：是的。我跟你讲一讲我的故事。我父亲 1912 年独自从希腊来到美国，才 15 岁，身无分文。他的第一个落脚点就是罗威尔。为什么呢？因为罗威尔当年是美国工业第一城，纺纱制造业很兴旺，需要大批的劳动力，于是吸引了整个新英伦的人才，甚至隔洋到了欧洲，也有大量的移民前去工作。我爸爸生活稍微稳定之后，就决定去学校念书，他很努力，后来进了哈佛医学院。我妈妈一家也是从希腊去美国的第一代移民，她还是美国第一位上大学的希腊女孩呢。

我：真让人感动，这又是一个前辈人在新大陆奋斗的故事。

杜：是的，作为移民第二代，我非常理解第一代移民在异国他乡创业的艰难和努力，明天会更好的梦想和坚持，和理想一步步实现的骄傲。所以我特别认同和敬佩王博士的创业激情和成就。讲到哪了……哦，70年代，我们做了大规模的产业调整，麻州最大的两家高科技公司——Digital和WANG的帮助很大。Digital有雇员十几万，WANG好几万，到了80年代，麻州脱胎换骨，成为美国最重要的两个高科技基地之一。在这个过程里，我们都非常努力，肯·奥森（Digital的创始人）、王安、时任麻州参议员的保罗·桑格斯、我，在各自的领域里，都非常努力。

我：那真是一段令人激动的历史……正是因为麻州各方面的成功，您再次当选为州长，还成为民主党的总统候选人。

杜：谢谢。大家都非常努力。在慈善和文化保护方面，王博士非常大方。你知道你工作过的王氏大剧院以前是什么样子吗？那是一个非常破的旧电影院，几乎快成一片废墟。王博士同意捐巨款重修。四百万？（我点头，不得不佩服这位前州长的惊人记忆力）。这座剧院重建之后，整个剧院带，包括整片中心商业区都盘活复兴……总而言之，王博士看问题很有深谋远虑。

我：可是，王氏最终还是失败了。您怎样看？

杜：王博士那时也退休了吧。具体的原因我不太清楚，又是一波新科技的浪潮吧，很可惜的一件事。当然，Digital公司也不在了，虽然是多年之后……

我：麻州一直还是不错的，罗威尔那时凄惨的画面，早已经看不到了。

附录1
与前麻州州长，美国总统候选人杜卡基斯的对话

杜：呵呵，那里还成为国家古迹公园，城市的纺纱历史被保留下来了，你应该去看看。那是桑格斯努力游说国会的功劳，他是罗威尔土生土长的家乡人。

我：我在读书时早就看过纺纱古迹公园了，很震撼。还读到了记录了那时代激情的诗呢，和寒冬里破落凄凉的罗威尔简直是冰火两重天……正是那天改变了我对那座破城市的印象。很伟大的历史，了不起的城市。

杜：是的，美国的历史都是由移民写就的，每一辈人都有他们的精彩故事。

我：非常感谢您今天的谈话！

作者与杜卡基斯先生在东北大学的合照，2014年

附录2

与王氏大剧院总裁斯柏汀的谈话
DR. AN WANG

王氏大剧院的总监斯柏汀是波士顿文化圈的名人,从20世纪80年代中期开始,他就开始担任王氏大剧院的总裁,到现在已经是三十年了。

我们的对话,就从三十年前,他和王安博士的第一次见面谈起。

"应该是在1986年吧,我被当时的选委会推荐为王氏演艺中心的总监,最后要跟王博士见面拍板。于是保罗·顾西(时任麻州州务卿)和我就驱车去罗威尔的王氏总部大厦,和博士见面。"

"我到了顶楼办公室,那里可真大哦,整整一层的空间,大玻璃墙。可是奇怪的是,在办公室中间居然放了两张很大的会议台,周围坐了有四五十人吧,正在大声讨论、开会,然后王博士就从角落的一张书桌边走出来,看到我们,居然没有握手。然后他就开始转向保罗问:'你想当这个总监吗?'保罗转问我:'你想当这个总监吗?'我答保罗:'想的!'保罗答博士:'想的!'情形很有点奇怪,博士问保罗一句,保罗问我,我回答保罗,保罗转答给王博士……可是我们都在说英文啊,又不是听不懂,为什么还要保罗翻译,而不直接问我呢?"

附录2

与王氏大剧院总裁斯柏汀的谈话

■作者与王氏演艺中心三十年的总监斯柏汀合影

停了停,斯柏汀居然问我这个听众:"会不会,这是个中式习惯?"

我正听得入神,听他这样问,在脑海里很快地过了一遍认识的长辈:"好像没有这样的习惯吧。"

"我也觉得很奇怪。不过这样子谈了几分钟之后,或许他觉得我值得信任了,就开始直接面对我谈话,不用保罗翻译了。我们谈得很愉快,马上成了朋友。临走时他握着我的手说:'剧院就交给你了!'"

我环视着这位波士顿文化名人的小小办公室,2013年他被评为"波士顿最具影响力的五十人"之一,桌子上摆放着他和家人的照片。而墙上挂着的三幅相片,都有王安太太的身影,包括他与顾西和王太太在去年圣诞晚会上的合影,那是王太太去世前,最后一次的公众露面。侧面桌上摆

2016年，王氏大剧院外观

放着一本书，正是英文版的《教训》。

"我记得，博士和他太太都很喜欢参加在剧院举办的活动。王安去世后，王太太也会每年来个五六次左右。她一直都担任王氏大剧院的名誉董事，三十多年了，她在此度过很多快乐的时光，都是老朋友了。这些年她还会说，王氏大剧院是因为她才会有的，哈哈！"

我问："你很熟悉王家的每一个人，你认为王氏的崩溃，是王烈的责任吗？"

他放下手中的问卷，双手托着后脑勺，在大班椅上往后靠，眼看着天花板，这是一个明显的思索动作。"不，我不会这样看，这并不是王烈的责任。我觉得王氏错过了整个 PC 浪潮，这是一个从上到下的决定，王烈不应该担这个责任。"

附录2
与王氏大剧院总裁斯柏汀的谈话

"这些年你看到王烈了？他过得怎样？"

"我很少见到他，他好像隐退了，倒是他的弟弟康尼，还不时会来参加剧院的活动。"

"王氏演艺中心的名字已经改了好几次了，有没有人提出过要改王氏大剧院的名字？"

他用双眼定定地看着我："没有人敢这样提。我也可以告诉你，只要我还在这里，谁也不会改这个剧院的名字。"

是的，这位目睹了王安公司，王家整个由盛转衰过程的前辈，到了今天，还活在三十年前他自己的承诺中。

我知道中国人有义气一说，而现在，我看到了美式的义气。

DR. AN WANG

附
网友关于王氏的回忆

■ 匿名网友

写得很棒,我很喜欢。(本书的草稿样张作者曾先期发表在网络上)

我认识一个在 80 年代曾在那儿工作的人士。他和当时大多数的人都以为,肯宁翰会接班成为新的 CEO。可是,王安让他的儿子当了 CEO。我的朋友不认为小王适合那份工作。有一次他告诉我,当新楼建好之后,小王有一间顶层的办公室,为了安全起见,顶楼都有些矮墙。小王身材不高,觉得矮墙也太高,挡住了视线,于是要工人砍掉。我的朋友觉得此举(也可见此人)不太聪明,因为小王其实可以换一张高点的凳,或者把地板垫高,而不是把有安全作用的墙给砍掉。还有另一个故事,老王安有时会带他的孩子们去参加董事会,希望下一代能借此学习公司的运作。可是他的小女儿茉莉安竟突然离桌,说:"我到时间去商店买东西了。"

■ Brian Bagdan

我从 1983 年到 1989 年在王氏工作。(在这里)我遇到最棒的同事,有过最好的时光。

■ Sista Kamalakar Rao

我在中东工作,与王氏在当地最大的供销商有合作。1989 年,我碰巧去王氏总部大楼参加培训。 1979 年,在另一场在比利时举办的培训会中,我遇到两位在英国工作的王氏工程师。非常美好的回忆!

■ sellC1964

　　我那时在罗威尔大学念书，在王氏当保安。1985 年在那儿当实习生，1989 年当上助理程序员。我在托斯百利的旧楼上班，但是经常会去王氏总部大楼。我记得我当保安那会，他们在建大厦的第三翼，我还记得当楼建好后，"汉堡王"在大堂开张，食物都是免费的。对那里的绝大多数人来说，满满的都是美好回忆。

■ Lee Johnson

　　王博士和王氏管理团队，在 PC 占领市场之前，在商业上一直都做出了正确决策。当 IBM PC 出现，王氏电脑的末日开始了。王博士放手让肯宁翰管理公司的那些年，肯宁翰花钱如流水。而当 PC 开始出现时，公司所有的人都不觉得它会占领市场，而是把它看成是玩具。

■ danmonline

　　我去过王氏大厦好几次。我还常去街对面的芝士花生酒吧喝几杯。我遇到过最伟大的无名英雄之一——霍伯路。他已经离开我们了。他写的程序，让 WANG WPS、OIS、2200 VS 独特，而且不可思议地快速。

■ Ronald

　　您好！

　　最近因快退休，想当年在台湾王安服务，经历了 30 年，直至王安宣布破产才另觅工作，因最近网络上搜寻王安旧事轶闻，才发现您于 2012—2013 年期间的作品，拜读您的大作，感触良多。

　　虽然过去曾是王安的人，也曾多次往返波士顿，罗威尔，托斯百利，但忆起往事，不胜唏嘘。对于一个曾在年轻岁月奋斗打拼，也曾分享过机构

▌2010年WANG全球大聚会宣传品

▌2010年比利时WANG全球大聚会

荣耀的人，人生还能够再经历多少次二三十年？不敢想象。

近几年来，偶尔还有过去王安旧同仁会联系，或者是与还留在美国的同事聚会，相隔数年至数十年再相见，期间还传来有些同事已度过此生的消息，因此在兹念兹，尤其是看到您汇集了全部15篇文章后，一读再读，那种回肠的滋味，热烈涌现。因此想请教您：

是否可以允许链接您的大作或将全篇整理后原稿贴至我们的脸书（FB），以让王安的旧同仁们一起分享？

Ronald 敬上

台北

上涵

首先向校友问好并祝贺您成功完成的《日落长河远》（本书的原稿曾用名）优秀系列！我是1991年从麻省大学罗威尔分校毕业的。

我要特别感谢您为此付出的时间、心血和努力。我母亲在1936年与王安同年考入上海交大电机系。在30余名学生中，王安排名第一，我母亲排列14，她是全系唯一的女生。毕业后母亲曾留在交大教书。

"文革"后她与王安取得联系，我哥在王安慷慨全额资助下于80年代初来到当时刚建立的王氏学院学习，许多基础课程都是在罗威尔分校完成的。我哥随后回上海在交大担任教授直到退休。他的儿子从上海交大毕业后，现在一家跨国软件公司任高级经理。数年前，上海电视台曾经专门采访母亲、哥哥和侄子，称他们为四代交大学人（包括外祖父）。

我母亲现已去世。我哥和侄子全家肯定有极大兴趣拜读您的大作。

徐修惠老人给我回了信，感谢我寄给他《日落长河远》。徐老和王安在上中、交大、哈佛三度同学，又在桂林中央无线电厂同事。

后 记

隔代的敬意

我第一次看到巍峨壮观的王安公司总部大厦，是在 1989 年的隆冬。

那是个清冽的一月天，我坐灰狗大巴，从纽约抵达波士顿。转车，往北开 45 分钟，终于在凛冽寒风中抵达麻省东北边城——罗威尔。在夕阳下的三号公路，巨大的蓝底白字的"WANG"字招牌，在车窗外闪亮掠过，居高临下地，给旅途疲惫的我带来意想不到的惊奇和喜悦。

我住在波河南岸的一间古老的红木屋里，每天都要跨过河上一架咿呀作响的旧铁桥，到河的北边去上课。河景很美，尤其在南校区，大河拐弯那一段：颓废的砖墙，斑驳的铁桥，大江转头，夕阳在前。而我就坐在河上边的教室，凝望着框在方窗里的长河落日。

后 记
隔代的敬意

王安,是一个中国人的传奇。正是因为他的声名鹊起,这座历史名城享受了第二次的风光。

"二战"后期的1945年,王安随同一批优秀的工程师到美国学习工程技术。他天资聪颖,仅用了16个月就获哈佛物理博士学位。工作仅仅数周,他用一个异乎寻常的天才方案,发明出电脑记忆磁芯,这个发明被定义为现代电脑发展的里程碑之一,王安也因此而载入史册。其后,王安首开华人在美国科技创业之先河,在电子、电脑领域发明创新,奇招频出,奋斗三十余年,终于成为世界级的知名企业家,在八十年代初期登顶成为全球华人首富,美国富豪排行榜第五名。当时的华人媒体称他为"电脑大王",美国媒体则尊称他为Dr.Wang。1986年,在隆重庆祝美国自由女神像落成一百周年的大典上,王安从里根总统手里接过象征着美国移民最高成就的自由勋章奖,终于从心理上接受了他的美籍华人身份,踌躇满志,打算用他的财富,他的全球影响力,为中美两国做更多文化和教育方面的贡献。

如果,历史能停留在那辉煌的一刻……

可是正如罗威尔城在二十世纪交替时不可避免的衰落一样,王安和他的电脑王国在光辉一刻之后开始极速陨落,其下跌的速度,让世人瞠目结舌……

1989年,王安公司四面楚歌。王安不得不炒了他亲生儿子的鱿鱼,第一次引进外来CEO,试图挽救濒临绝境的公司。讽刺的是,当年正是为了扶持这个儿子,王安力排众议,不惜与公司众多的老臣子决裂,导致众叛亲离,内乱不断。

1990年,王安博士因为晚期喉癌,不治去世。

▎2002年，作者与王安太太的一面之缘

1992年，曾经风光无限的王安公司宣布破产。为了节省费用，王氏企业很快搬出王安大厦。数年后，波城地标王安大厦以跳楼价被拍卖。

美国主流媒体说，王氏企业的神奇崛起和极速崩溃，是美国现代商业史上最戏剧化的例子之一。

是什么，让他如此成功？又是什么，让之后的结局如此惨烈，王朝只历一代？

很多人说，那都是王安的儿子王烈的错，是他的能力不足，无法接位掌管公司。也有人说，是因为王安力排众议，一心一意要把江山留给儿子，开罪了一大群老臣子。更有人说，电脑技术更新换代，PC时代来临，王安一意孤行，没有跟上。

花开花落，这一切都与我无关。在王安公司波澜起伏，破产后又重组的90年代，我念完了大学，研究生，甚至在重组的王安国际短暂工作过一段

后 记
隔代的敬意

麻省总医院门诊部，王氏夫妇画像

时间。每天在三号路上经过，看到早已改名为"Cross Point"的旧王氏大厦，已不能在我心中泛起一丝半点的波澜。在很长的一段时间里，我印象中的王安就是一个失败者的形象。过去的成功那是明日黄花。王氏甚至没能跟上个人电脑PC时代。而现在，早已是一个全新的，全世界都连接起来的网络时代了。

直到2000年的冬天，我抱着小女儿到查尔斯河边的麻省总医院就诊，看到了一座也是以"WANG"命名的建筑物。那是名闻遐迩的麻省总医院的门诊部。

然后到了2001年秋天，我到波士顿中城的一家剧院上班。这是一家有着百年历史的美国国家级著名建筑地标，里面的设计美轮美奂，金碧辉煌。而剧院的名字，就叫Wang Theatre。剧院的老板提到当年和王安博士的握手，仍然充满了感激和深情。

我站在这些宏大的建筑里,抱着大病初愈的孩子,画像里的王氏夫妇用他们的神邃眼神注视着我,仿佛是来自上一代的关切。就在那一刻我感到了真真切切的关联——无关财富,无关名人,无关年代。医院治病救人,艺术源远流长,手术台上和舞台上演绎的一切,和商业历史上一人一代的成败竟是如此地不相关。第一次,王安以一个非商人的形象出现在我面前。他甚至不再是一个高高在上的技术天才,他只是像你我一样的普通中国留学生,在这片新大陆上有过彷徨,有过奋斗,有过生命里最美丽的辉煌和最无奈的失败。

换了世纪,远离了旧王氏总部大厦,远离了商业喧嚣,我却看到了没有亲历的王安盛年时的辉煌和他曾经达到的高度,知道了他在美国主流社会曾受到的尊敬和仰视。波士顿骨子里是一座十分骄傲的城市,有着洋基先人重文化讲思想的传统,重开拓精神远高于钱财。数十年来,儒商王安能在这座城市得到这么多,这么久的尊重,他究竟做了些什么善事,让美国主流社会如此看重?可是,很奇怪地,王安做的善事却没能让他在华人社区赢来同样的盛名——他的大手笔捐赠在唐人圈子反而颇受争议,侨领们批评他宁肯花大钱到主流社会做善事,却吝惜花小钱到华人社团的需要上,认为他这样做,明显是为了讨好白人主流社会,却不肯帮自己人。事实是否真的如此呢?

一个独特的商业王朝,始于王安,也终于王安。从辉煌到没落,个中的曲折缘由,内有中西方文化理念的强烈冲突,各式鲜明人物的个性倾轧;外有电脑业从大型机到个人电脑时代的快速转换,行业间竞争的激烈与残酷。波澜起伏,精彩纷呈,有太多的故事、遗憾与思考。

这不单单是作为一个MBA课堂上的案例,而是一个前辈中国留学生

后　记
隔代的敬意

在这片新大陆异乎寻常的奋斗历程与人生轨迹。

大约七八年前,我在街头偶遇以前在王氏大剧院工作的同事,他已升职成为节目部门经理,问及剧院现状,他欲言又止。

"你知道,我们都努力过的……"

我约莫能猜出他言辞之下的潜台词。自从王氏破产之后,王家早就不是演艺中心最大的捐献者,每年都有许多热情的金主,为了两个剧院的运作慷慨捐款。(王氏演艺中心有两家大剧院:王氏大剧院和舒伯特剧院)这些年,最大的金主是美国花旗银行。

果然,不久之后,"王氏演艺中心"正式更名为"花旗演艺中心"。王氏大剧院前面,也加了两字变成了"花旗王氏大剧院"(Citi Wang Theatre)。这也在情理之中,波士顿,是一个新与旧共存的城市。

最新的消息,花旗银行在2016年全面退出麻州的业务。于是,演艺中心在刚刚过去的2016年11月,再次更名为"宝萃演艺中心"(Boch Center)。新一轮的轮回,重新开始。

不久前,我在网上读到了王安太太去世的消息:她于2016年3月1日在波士顿附近的一家医院平静离世,享年95岁。

我和王太太曾有过一面之缘。好多年前,在剧院举办的圣诞联欢会上,我向她致意。

"请问您今年高寿?"简单聊过几句之后,我竟然用中文问她这个。(汗!)

"我今年83岁啦!"她隔着一张宴会用的小圆桌子,看着我的眼睛大声回答,笑容亲切,用着纯正的中文。在那个偌大的会场,就只有我们两个中国人,能毫无顾忌地讲着中文,感觉很爽。我喜欢她,亲切而不造作,三

言两语，就能让人如坐春风。

而她绝对是全场的明星，人们围着她转，不停地和她讲话，特别是几个上了年纪的老人，好像停不了似的跟她在倾诉。她认真地听，不时答话，看得出都是相熟多年的好友，珍惜着每一次见面的时光。

她一直都是演艺中心的名誉董事，只要身体允许，每年都会参加年度晚会。最后一次参加，是2015年12月。在照片里，她还是笑着，一边站着从八十年代开始就任职王氏演艺中心总裁的斯柏汀，另一边站着麻省商会主席顾西。王安公司早已消失无踪，然而在画面里，他们还是笑着，淡然面对生命的起落沉浮。

对创业精神的敬佩，对回馈社会的尊重，亦不会消失。

我不知道，"WANG"的中间名还能够在剧院挂多久，或者这并不重要。在历史的长河里，公司、个人、成败，都只是一瞬；用一生的努力，赢得世间的尊重，功过是非，留与后人评。前事不忘，后事之师。

王安先生的老朋友徐修惠，现在应该近百岁高龄了。他很早就移居加州，和王安在上海高中、国立交通大学、哈佛大学的三度同学，又在桂林中央无线电厂一起共事。他看过这本书的大纲，很是赞许，回忆往事时一直说王安从小就聪敏，沉静，勤做事少说话。我问他对这本书有何意见，他只是说好，没有意见。徐老已经联系不上，我现在相当后悔，没有多问问他们在桂林打仗的往事……

我知道，对王安这样一位曾经的名人，各种各样的评论都会有。我写作的动力，研究的方向，单纯是为了尽可能真实地重现这个独特的历史人物。王安成名在美国，有关他的身前身后事，英文媒体的报道要多得多。中文的资料因为多在90年代之后，基本无法摆脱王安公司失败破产的负面印象，

后　记
隔代的敬意

与英文资料从头到尾的全面，有很大的差异。

我无意去塑造一个英雄，也无权为他的成功失败盖棺论定，我只是简单地希望，读者们能够喜欢这个真实而非凡的中国人的奋斗故事。

日落长河，斯人已远。而我们，还在同一条长路上跋涉。

我以微薄的文字，试图拭去往事上的灰尘，献上一份隔代的敬意。

李　梅

2017 年 6 月

▍波塔奇河上的瀑布——逝者如斯，不舍昼夜

DR. AN WANG

鸣 谢

这本书,从构思到完成,历时多年。要感谢的人,也很多。

首先要感谢的,是我留学纽约时的第一位英文老师。在翠绿的中央公园边的那所大学,我递上了第一篇完整的英文作业,题目是《纽约印象》,具体写了什么记不清了,好像提到了公园,城市地铁和晚钟声里,夕阳余晖下,教堂门外的流浪汉。

老师很热情,在评语里说我是个"gifted writer"(天才作家),鼓励我好好写,不仅在课堂,还要"beyond"(跨界)。我很感动,因为他是第一位认真鼓励我写作的老师,还是个美国人来评价现在看来很糟糕的第一篇英文作业。虽然他只教过我一门课,而我现在却是连他的名字都忘了。现在我也知道,美国的任何一个老师都会说那样的话鼓励学生。可是,那一句"beyond",却让我一直铭记在心。

还有,我的童年好友——我们在小学一年级就认识了。

鸣　谢

小时候，我爱文学，她爱画画。前些年，她给我寄来了一幅她画的油画，很美的郁金香，她说："我没有放弃，希望你也一样……"

是的，我无法忘怀写作，它真的是黑夜里的一盏明灯。而这样类似的爱与感动，点点滴滴，一直温暖着我平凡的生命。

感谢亚洲英雄黄效文先生，在忙碌的探险途中为此书写序。

感谢沈晖同学的大力支持和鼓励，谢谢你在哈佛进修 EMBA 期间，在商学院图书馆替我借到的两本有关王安的中文书！（差不多是孤本了）

感谢上涵师哥，徐修惠老人，李诗颖教授，赵钟英老师，台湾的 Ronald，还有所有关注过此文的文学城网友们——你们的热情和鼓励，是我认真写下去的动力！

感谢杜卡基斯先生，他的往事回忆，让我更深地明白当时的政商背景。还有前王氏员工冉特、格夫、保罗等，他们的亲身经历，大大丰富了此书的内容。

感谢王氏演艺中心的总裁斯柏汀先生在百忙中抽空接受采访。

感谢天端姐多次热情的穿针引线，茶香、梅雨、海上、子同、三哥等文友的仔细阅读和宝贵意见。

感谢江西人民出版社好几位编辑的慧眼和辛劳，波士顿双语传媒和出版公司总编李强先生的大力支持！

还要感谢我的先生和家人，谢谢他们忍受我在阅读写作时的种种忽略和不耐——那过程竟然长达数年。

那些远去的没有能够看到这本书的，我同样感激。谢谢你们曾经的鼓励和温暖。

（完稿于波士顿，2016 年 12 月）